思辨力

如何让孩子思维更有逻辑

孙晶 著

江苏凤凰文艺出版社
JIANGSU PHOENIX LITERATURE AND ART PUBLISHING

图书在版编目（CIP）数据

思辨力 / 孙晶著. -- 南京：江苏凤凰文艺出版社，2023.3

ISBN 978-7-5594-7475-9

Ⅰ. ①思… Ⅱ. ①孙… Ⅲ. ①家庭教育 Ⅳ. ①G78

中国国家版本馆CIP数据核字(2023)第013754号

思辨力

孙　晶　著

责任编辑　张　倩
特约编辑　星　河
装帧设计　斑鸠子
出版发行　江苏凤凰文艺出版社
　　　　　南京市中央路 165 号，邮编：210009
网　　址　http://www.jswenyi.com
印　　刷　唐山富达印务有限公司
开　　本　880 毫米 × 1230 毫米　1/32
印　　张　6
字　　数　90 千字
版　　次　2023 年 3 月第 1 版
印　　次　2023 年 3 月第 1 次印刷
书　　号　ISBN 978-7-5594-7475-9
定　　价　48.00 元

前 言

孩子是父母带到人间的天使，是生命焕发的崭新光彩，是家庭、社会以及世界的希望承载。孩子不仅仅属于父母和家庭，更是社会与国家的部分与未来。父母之于子女，不仅仅有生与养的义务，更有教与育的责任。

2022 年 1 月 1 日，我国颁布实施《中华人民共和国家庭教育促进法》，未成年人的父母或者其他监护人要依法进行家庭教育。这部教育领域的重磅法规，将家庭教育提升到更高的位置，明确了家庭是第一个课堂、家长是第一任老师的责任意识，规定了家庭教育的内容。其中，包括要充分关注未成年人的心理健康，教导孩子们珍爱生命，创造有意义、有价值的人生。

我从事青少年心理健康教育工作已有 20 余年，在心理咨询室中度过近万个小时，陪伴和帮助了许多陷入各种成长困境的孩子，还有为此伤心难过和担心焦虑的父母。

没有哪个父母愿意看到自己的孩子出现问题。然而，每一个孩子的问题背后都有家庭的责任。

孩子的成长是在父母不知不觉中发生的迅捷变化，孩子最终的发展状况无论好坏，常常都会超出父母的设想，甚至令他们始料未及。

“和孩子一起成长”，是为人父母的正确选择和真切期望，可父母总是难以追赶孩子成长的脚步。这是普遍存在的矛盾，同时也是让人无奈的且无法改变的客观规律。

但家长们也不要过分担心，教育子女其实不怕后知后觉，怕的是大人们拒绝成长、不肯承认错误，甚至不愿意改变自己不恰当的想法和做法。

每个孩子的成长过程都是独一无二、无法复制的。父母对自己孩子的教育经验，不能完全套用到别的孩子身上。再勤于学习、再有智慧的父母，教育孩子的时候都可能会出现不合适的做法，甚至会犯严重错误。

尽管孩子们千差万别，但教育还是有一定规则的。

各种有关家庭教育的理论，诸多过来人的前车之鉴，能够带给父母的是在孩子出现问题后分析原因时更广阔的思路。父母积极调整和寻求改变时，需要更多、更丰富的科学理念和正确方法。

孩子们是无比鲜活的生命，他们充满生机，跑得比父母快、走得比父母远是非常好的现象。父母要追赶孩子的脚步，但最好不要毫无章法、操之过急，否则容易乱了分寸，适得其反。

父母需凝望着孩子的背影，默默随行。如果孩子们在成长中，听得到父母跟随而来的笃定足音，回头望见至亲的温暖目光，就能获取直面困难和挑战的不竭力量。

“你已经长大，我还没有变老”，是非常好的亲子状态，这里的“大”与“老”，主要指的是亲子双方心灵空间的充盈和精神世界的丰富。实现这个目标唯一的途径，是持之以恒地学习与实践，是父母拥有和孩子一起成长的完整过程。

孩子的学业发展、未来的事业成就以及独立后的幸福生活，都与他们的身心健康程度密不可分。良好心理素质的培养必须从小开始，大孩子的心理与行为问题，均是从小孩子时期积累而来的。孩子心理状态的发展过程中，家庭教育是最为重要的影响因素。

孩子越是低龄，该书对家长的指导和帮助越有意义。讲有关大孩子教育的故事给小孩子的家长听，是以“前车之鉴”的方式，探讨何为正确的家庭教育理念，给正走在歧途的父母以劝诫和警示。预防能够预防的问题，改变可以改变的部分。

当前，在心理健康教育领域，以积极心理学理念为参照和指导的实践和研究是一个热点。“积极心理健康教育”是指积极心理学视角下的心理健康教育，兴起于 20 世纪美国的积极心理学，目前，正在我国教育领域中的应用越来越广泛。

积极心理健康教育，涵盖了积极自我态度、自我发展与实现、能清晰地认知现实、与周围环境协调等内容。培养青少年形成待人友善、乐于助人等积极的行为和品质，能对孩子的学习和生活产生强有力的、积极的影响，同时能有效预防心理问题的出现。

以积极心理健康教育理念和方法为基础的家庭教育，对孩子们的身心健康发展具有显著的促进作用。身心健康的孩子能够更积极主动地投入学习和生活，创造更有价值的人生。

本书既讨论了家庭教育中具有普适性的“道”，又给出操作性很强的、培养孩子的“术”；既有还原家庭生活场景，充满人生百味的亲子成长故事，又有帮助父母进行自我探索的亲子清单。

人生的奇妙在于拥有无限可能，不同的人生角色各自独立又交互影响，父母保持乐观清醒，成为孩子的成长伙伴，会创造出更加美好的家庭生活环境。无论是否身为父母，成长和人生的话题，对任何人都极有思考意义和讨论价值。

邀请即将出发和已经在路上的父母们，走进本书，打开心房，看向远方，将美好未来种在孩子们的心里，将家庭幸福握在自己的手中。

目 录

CONTENTS

◎ 亲子清单

如何让孩子学会遵守规则

我曾经辅导过一个高中女孩，外表大大咧咧，内心细腻脆弱，习惯压抑自己的感受。当时她在我的咨询室里讲述自己的家庭情况，说到动情处，就算已经哽咽，也坚持不肯落泪，她倔强的样子给我留下很深的印象。每当遇到这样的孩子，我心里都会很难过。

外表与内心的巨大反差

有个姑娘平日里看起来有点男孩子气，活泼好动，不拘小节，从外表根本看不出她心里藏着那么多烦恼。她说父母都不喜欢自己，自己所有的心愿几乎都难以实现，或者是一个同意了自己的要求，另一个就站出来反对，互相拆台，以至于她几乎放弃了一切念想。

女孩最早的关于家庭不好的记忆是10多年前，上幼儿园的时候，她很爱画画，妈妈给她买了一盒高档彩色笔，对于收入微薄的家庭而言算是奢侈品。母女俩开心地回家，爸爸一看到画笔就开始发火，骂妈妈脑子有毛病，乱花钱，说画画有什么用，然后愤怒地扔掉了那一盒彩色笔。一个不到4岁的孩子竟然体验到了“心碎”的感觉，这么多年过去了她依然清楚记得当时的场景。讲起这件事的时候，女孩眼睛里有眼泪，但脸上竟然挂着笑容，我心里很不是滋味。

她说父母的意见很难统一，双方总是拼尽全力地阻止对方的决定，唯一达成共识的观点是对孩子的学习应该严格要求。升入高中以后，父母对她的学习有各种不满，好像只有在这件事情上他们可以联起手来，当一个开始批评和责备时，另一个会很快参与进来。

但是涉及具体的学习问题，父母还是会产生分歧。比如：应不应该用手机，要不要去补课。妈妈认为需要补习，否则不可能考上好大学，爸爸则认为读书不用非得花那么多钱，好好学习是孩子应该做到的，补习就是浪费财物的事情。妈妈坚持给女儿补课，为此动用外婆给的私房钱，爸爸总是很不满意，甚至还说风凉话。

她说自己从小到大一直没什么主见，不知道究竟什么事情是对的，什么人的话要相信，什么时候要坚持自己的想法。比如她爱画漫画，画了很多年，一个小伙伴说她画得不好看，别费劲了，她就会相信，竟然真的停止画画。她说明明知道某个人不那么可信，但是听到对方说了什么，自己就会不自觉地相信。她感觉世界很复杂，有很多事情难以判断，同学们要么说她不像个女孩子，要么说她是个傻妞。

于是我成为她的伙伴，约定以后她遇到任何令她很生气或者很纠结的事情，都可以来和我讨论。孩子总要长大的，总要离开家，这些是以后才会发生的改变。作为高中生，还是要生活在家庭中，接受父母的管理，所以要在这种环境下为自己创造可以自主决定的空间。

这个女孩的成长过程中不仅仅是缺爱，还有家庭教育中的“手表定律”。手表定律说起来没多大事情，但是后果很可怕。

关于手表定律

手表定律来源于一个寓言故事，说的是大森林里有一群快乐的猴子，过着日出而作、日落而息的自在生活。一天，有个穿越森林的人把手表落在了猴子的领地，被一只很聪明的猴子捡到了，并且它很快就搞清了手表的用途，于是它成了猴群中的“能者”，想知道确切的时间就要问他。渐渐地，这只猴子地位越来越高，整个猴群的作息都由它来确定，很快它就当上了新猴王。

新猴王认为手表是特别宝贵的东西，于是利用每天在森林里巡查的特权，四处寻找手表，很快便拥有了好几块手表。但是麻烦来了，几只手表指示的时间不相同，这可难住了猴王。猴王不知道究竟应该以哪一块手表为准，所以总是改变时间规划，整个猴群的作息时间也因此变得很混乱，于是猴群中怨声载道，很快猴王就退位了。

这个道理不难理解，手表多了并不能告诉我们更准确的时间，因为判断的标准多了，也就失去了标准。生活中的“手表定律”广泛存在，比如每个孩子都有多个家长，在家庭教育中家长的教育理念不一致，就像有很多块手表一样，不知道哪个是对的。

孩子比猴子可聪明多了，他们会不断选择自己想要的“手表”。如果父母对某件事的看法和要求不一致，他们会迅速选择对自己而言更有利的一方站位。这样的情况，也常常出现在祖父母和父母对孩子要求不一致的时候。

家里的“手表”太多，孩子的成长必然会受损

家庭教育的不一致，常见于对孩子的具体要求上，表现在很多生活的琐碎细节中。比如什么时候应该学习，什么时候可以出去玩；什么东西不能吃，吃什么才有营养；节假日应该去补习功课，还是要多学一些才艺；哪些东西可以买，

哪些没必要甚至是浪费……

在大人出现分歧的时候，孩子们会选择更符合自己意愿的那块“手表”。孩子越是年幼，越无法理解大人心中所谓的好坏，也不会明白什么叫良苦用心，好玩、好吃、省力气，就是最好的选择。这种情况很容易出现在祖父母协助甚至代替父母带孩子的家庭，对孩子良好的生活习惯、学习习惯，甚至是道德品质的培养会产生很大的负面影响。

无论是宠爱还是严厉，出发点都是为了孩子好，然而在这种意见永远不统一的家庭中长大的孩子容易缺乏原则、过于任性、好逸恶劳，难有学业上和事业上的建树。如果溺爱和专制的力量都很强大，孩子非常容易出现行为问题，进入青春期之后，会逐渐不服约束，成为家庭和学校的教育难题。

家里“手表”多，是因为大人之间存在“争斗”

家人对待孩子的生活和学习态度的不一致，对孩子的成长而言是一个极大的不利因素。韩非子说过："夫妻持政，子无适从。"说的就是父母教育子女的观点不一致，孩子就不知道该听谁的，会无所适从，陷于矛盾和痛苦中。

家庭教育的手表定律非比寻常，不只是家人教育理念有差异，对孩子的要求不一样那么简单，往往还具有情感裹挟甚至情感绑架的恶劣成分。对于应该听谁的话，有时候孩子并没有选择权，往往是"手表"们彼此先要分一个高下，哪个威力强大孩子就执行哪个要求，遗憾的是真正对孩子有利的那一方不一定会胜出。

成年人之间有矛盾和冲突，拿孩子的事情来置气和争斗，这种做法特别过分。很多家庭中的婆媳关系问题，夫妻情感问题，都会以"手表定律"的方式呈现出来。比如前文说到的那个女孩，父母感情一直不和谐，在面对涉及孩子的问题时，主张方和反对方很多时候都不理性。这种家庭互动模式，孩子即使不出现心理障碍，人格发展也很难健全。

教育孩子之前，先要“对表”

夫妻之间、父母和祖父母之间，在教育孩子的问题上有分歧，是家庭生活中再正常不过的事情。关于孩子的成长，父母是第一责任人，所以在教育孩子的时候，一定要尽可能促使家长之间达成共识后，再去具体实施。

如果祖父母帮忙带孩子，父母最好能在尊重和感谢的前提下与长辈沟通好。爷爷奶奶带小孙子是天伦之乐，也是对儿女的鼎力支持，可以算是“中国特色”，但是父母不能因此理直气壮。

隔代亲是人之常情，祖父母宠爱孩子很多时候是本能反应，无可厚非，关键要看父母们如何调和。教育孩子也要有唱“红脸”的，有唱“白脸”的，只要教育理念正确，方法得当，努力的方向也一致，就会收到好的教育效果。

特别不好的做法是大人当着孩子的面起争执，闹别扭，气急了还会互相攻击。诸如“别听你妈的，她就是个笨蛋！”“不要理你爸，他就是个神经病！”“你奶奶就知道惯着你，有什么好处！”之类的互相埋怨甚至诋毁的语言。这种话很容易脱口而出，孩子一直听着、看着，不可能形成尊重他人、懂礼貌、有担当等好的品质。

家庭教育不怕“手表”多，关键要有校准装置。这个校准装置是正确的家庭教育理念，是关于孩子身心发展的系统科学的知识，是有效的引导和训练的方法。心理学、教育学工作者致力于做的，就是为父母们提供校准“手表”所需要的小工具。

安全感是思辨力的基本要素之一

很多人认为老师这个职业很不错，尤其是拥有寒暑假这种大福利，但事实上每种职业都有不为人知的一面，个中滋味也只有身在其中的人才真正懂得。老师的假期其实和孩子们差不多，就是换了一个地点，换个一种形式和节奏，继续完成学习和工作任务而已。因此无论假期与否，只要有任务，就要出发。

我曾有一个暑期给教师们做培训的任务，工作地点离家很远，需要乘坐一个多小时的城铁才能到达，让我得以在暑期体验通勤生活。早起上班的人流不断汇集，没过几站，车厢里已经连站立的空间都很紧张了。我靠着车门附近的扶手，尽力固定住自己，看着窗外明晃晃的日光，心里盘算着当日需要完成的工作。这个夏天过于炎热，但影响不了草木葱茏。

“爸爸，你抱着我，或者你蹲下。”

车厢里的大多数人都在自顾自地看手机，不乏“外放一族”，也有和熟人一起出行的人在聊天，嘈杂声四溢。好在我的耳朵对于噪音有很强的屏蔽能力，不必戴耳机也能忍受，算是不错的天赋。这时，忽然一个稚嫩的声音传入耳朵，吸引了我的注意。

“爸爸，我不想站着。”纯净的童音无法被当作噪音过滤掉，虽然声音不大，却极有穿透力。我不由得转过头循着声音去寻找，透过人与人之间的缝隙，我看到一个小男孩站在人群里，仿佛深陷密不透风的人腿森林，扶着他肩膀的成年男性应该是他的爸爸。

“这会儿人太多了，没有座位，你忍耐一下。”爸爸安抚着说道。

“那下车吧！”孩子的声音大了一点，透着不耐烦。

“不行！那样我会迟到的。”爸爸的语气不容辩驳。

列车又停靠了一个站点，车厢更加拥挤了，我不自觉地担心那个小男孩，这个时间带孩子挤轨道交通，而且没有座位，真是太糟糕了。我时不时侧身转头寻找那对父子，人群把他们挤得离我更近了一点。

“爸爸，你抱着我！”孩子有点急了，声音带着哭腔。

“不行啊，你长大了，怎么还要人抱？再说了，车里这么拥挤，抱着你不安全！”爸爸的声音低缓，压抑着无奈和焦躁。

我从缝隙里看到孩子的小手紧紧环抱着爸爸的膝盖，偶尔露出的眼神紧张且慌乱。他的视角一定是黑暗的，对他来说，周围矗立着高大的人群，还要尽力躲避近在脸旁的挎包，肯定很难受。

“那你……那你就蹲下来吧！”小男孩眼泪终于流了下来，爸爸这次没说话，皱着眉头，用手背擦拭孩子的脸。

“孩子站累了吧。”“也是，这个时间段就这样。”“人挤人的，想让座都难。”周围站着的人有些看不过去，你一言我一语地说着。

“你再坚持一下啊！平时玩半天都不累，你看大家都站着，这点事值得哭吗！”周围人的关注反而让爸爸感到局促，他一脸不高兴地看着孩子。孩子的泪水流个不停，仰头眼巴巴看着爸爸，然后再看几眼周围。

“他可能是有点害怕，不一定是怕站着累，要么你就蹲下去。”我轻声说了一句，然后往后让了让，给父子俩尽可能地腾出大一点的空间。旁边的人看到了，也都各自向后挪一挪，留出一个可以让爸爸蹲下去的空间。爸爸看看大家，脸上是有点抱歉的神情，没说什么，终于蹲下身去。

我终于可以清晰地看到小男孩了，五六岁的年纪，瘦弱单薄，脸色有点苍白。孩子一把抱住爸爸的脖子，小脸藏到爸爸的颈窝，肩膀轻轻抖动。看来这个孩子家教比较严格，估计家人平时不允许他经常哭。过了一小会儿，孩子抬起头来，站直了身体，摸了摸爸爸的脸。他的面色逐渐平缓，眼神也越来越清亮，恢复了对周围的好奇。

拥挤的状态持续到终点站，孩子站了近 40 分钟的时间，期间他只是偶尔碰一碰爸爸的脸，多数时间都在左顾右盼，不乱动也不说话。遇到我和他逗趣的眼神时，会微微笑一笑，很是可爱。现在的孩子都是家里的掌上明珠，习惯培养得这么好的孩子不多见。

列车抵达终点站，等待车门开启的时候，我摸了一下他的头，对他竖起大拇指表示赞赏。

“自己站了一路啊，小伙子真棒！”一直站在周围的两个乘客也笑着夸奖。

“爸爸也很棒，蹲了一路更辛苦！”我跟着说。爸爸正忍着脚和腿的酸麻慢慢站起来，冲着我轻笑了一下，他满头的汗珠，嘀咕了一句：“不蹲下去不知道，难怪孩子会害怕。”

“蹲下来和孩子讲话”是儿童教育中的一句箴言，简单的解读就是成年人不能居高临下，要尽可能与孩子平等沟通。我在地铁上偶遇的这对父子，可以引发我们更多、更深的思考。

孩子更宽容，总能给父母选择的权利

在拥挤不堪、令人窒息的车厢里，孩子的身心状态都很糟糕，但是他依然给了爸爸两个选择：要么你抱着我；要么你蹲下来。但在孩子长大的过程中，父母却很少真正地给予他们选择权，惯常的做法是要求和命令。

父母不给孩子选择权，总是依据自己的经验和想法给出结论、提出要求，长此以往，善于服从的孩子会逐渐丧失独立性和自信心，而桀骜不驯的孩子会抵触和反抗。从长远发展来看，前者更容易出现心理问题，后者更容易出现行为问题。

善于观察和学习的成年人经常能发现孩子们的智慧：目的明确、表达简洁、懂得进退、敢于尝试、坚持不懈，等等。对与错、好与坏的准则是成年人制定的，孩子的世界没有那么复杂，只有需要什么以及如何才能实现。

父母在教育孩子的过程中，孩子也会是父母的“功课”和“老师”。在该向孩子们学习的时候，父母也必须做到谦虚和认真才行。

孩子的真正需要，经常被父母曲解或者忽略

孩子在某些具体的情境下，到底需要的是什么呢?

父母很多看似正确的管教为什么无法收到好的效果呢?

家庭教育中有一个关键的“技术”环节，就是父母能否准确洞悉孩子内心的基本需求。这个基本需求不是那种无理取闹、蛮不讲理的要求，而是关于安全感、爱和尊重这些再正常不过的心理需要。父母不满足孩子的基本需求，孩子就不会真正接受管教。

人与人之间能保持长久的来往互动，彼此“获益”是一个重要的前提。父母不能认为只要是为了孩子好，自己的任何行为都没问题，因为动机好未必结果就好。父母满足孩子的合理需要，其实是在创造孩子理解和执行父母管教的身心条件。

比如车厢里的那个小男孩，他要求爸爸抱着自己并不是因为嫌站着累，而是周围环境带给他太多的焦虑和恐惧，导致他安全感越来越低。所以爸爸以“你平时玩半天都不累”“你看大家都站着”等理由来由教育孩子的时候，即使面对的是

一个很听话，也足够坚强的孩子，也不会有效果。

需要父母蹲下来的，不仅仅是身体

成年人在和孩子交流的时候最好能够蹲下身体，因为蹲下来可以目光平视地与孩子进行交流，可以拉近与孩子的距离。这个道理很多父母都懂得，也容易做到。但是大人只要做到蹲下来和孩子讲话就可以了吗？在孩子面前父母要蹲下来的只有身体吗？这也是一个极有价值的家庭教育问题。

首先，蹲下来不仅是形式和方法，更是理念和态度。具体来说，就是父母尽力以平等的状态与孩子交流，以孩子的视角观察事物，以孩子的认知水平理解问题，并以孩子的内心情感为基础与世界连接。很多父母在发现孩子问题的时候经常忽略了他还是一个小孩，无法理解大人的意图，也不懂那些大人觉得很浅显的道理。

其次，孩子越是不听话的时候，大人越要蹲下来。父母跟孩子生气的时候，常常会忘记需要蹲下来这件事，总是居高临下地对孩子一顿痛批。孩子为了赶紧让父母息怒，往往会不加思考地承认错误，但改不改再说。

孩子们其实具备很强的讨好能力，会看眼色，会见机行事，“看人下菜碟儿”的孩子随处可见，这个是生存本能。父母和老师很可能经常被孩子乖乖听话的表象蒙蔽，并不了解他们真正的想法和感受。反而是孩子在不听话的时候，表达出来的想法和看法相对来说真实很多，是大人深入了解他们内心想法的有利时机。

再者，蹲下来和孩子说话，是需要父母不断修炼的能力。在孩子不听话的时候，大多父母一开始还能做到心平气和，但当道理怎么也讲不通的时候，就会越来越急躁。从蹲着跟孩子耐心讲道理，到站起来严肃地要求、命令、批评甚至惩罚，迅速切换。长此以往，就会造成恶性循环。

也有可以一直保持蹲着的姿势和孩子交流的父母，但是随着事态的发展变化，虽然他们的身体还在蹲着，但措辞和态度早已经起身站立、居高临下。所以真正的蹲下来其实是指父母在教育子女时应该呈现的稳定、一致的情绪与行为，对父母而言这是一项很高的要求，而是父母情商水平、处事能力的真实体现。

我常常听到遇到养育难题的父母抱怨：“遇到天生就不好教育的‘熊孩子’，赏识教育、蹲下来和孩子讲话、尊重与接纳等方法根本没有用。”教育孩子没有效果，真正的原因不是孩子天生太差，是父母没能理解正确的教育理念，没有真正掌握科学的方法，或者是太心急了，对“蹲下来”理解得不够深刻、贯彻得不够彻底。

父母蹲下去，孩子才能站起来

要想给孩子一个有保障的未来，不是父母足够强大，一直迎难而上，为孩子遮挡风雨。人生不过百年，孩子们终有一天要踏上风云莫测的旅途，所以“抱起来”并不是好的做法。

真正强大的父母，是将自己的内心世界和精神领域的一部分，尽量保持和孩子处在相近的位置。既要支持孩子学会坚强和独立，又始终近在咫尺，成为孩子安全感的来源和面对艰难挫折的助力。

孩子的成长需要近20年的时间，那些懂得适时、适度“蹲下来”的父母，孩子会成长得更健康，发展得更均衡，也会更加勇敢和坚强。

父母要先蹲下来看孩子的世界，听孩子的声音，想孩子所想，然后再伸出手去扶持或者牵引。真正能够“蹲下来”的父母，也是对生命充满尊重的，极具智慧的人。

自食其力与自得其乐

很久之前我参加专业培训，有一位主讲老师是心理学教授，他在说到家庭教育的重要性时，分享了自己身为父亲的一些感受，我至今记忆犹新。

走在人生路上的两只“脚”

这位教授毕业于名校，是不折不扣的“学霸”，自身学业、事业均成就斐然，但他儿子的学习成绩一直很差，老爸是“别人家的老爸”，孩子却不是“别人家的孩子”。儿子高考刚过录取线，在一所很普通的学校念书，教授却非常欣慰，因为他一度认为孩子不会参加高考，拒绝走和自己一样的人生路。

教授没有细说儿子的成长过程，只说孩子进入青春期后遇到很多挫折，父母都有责任。后来父母逐渐放下对儿子的过高期望，陪他克服了许多困难，他才能坚持完成高中学业，考上大学。虽然大学很普通，但好在专业是儿子喜欢的，看着儿子的身心状态逐渐变好，有了自己的生活乐趣，还不断学习生存本领，教授非常欣慰。

面对同学、同事和朋友们那么多学业优秀的孩子，教授不觉得丢脸，也没有很自责，他说做父母就和学习、工作一样，遇到问题只需要想清楚如何更好地解决就行。孩子长大之后，只要可以自食其力，能找到快乐，是正向发展的，不会成为社会负担的人，父母的养育就是成功的。

教授的一席话，入耳又入心，成为我参加那次培训最大的收获。孩子的发展虽然有一些共同规律，但更多的是特异性。因为与生俱来的特质和后天成长的过程千差万别，所以每一个生命都很独特。未必父母的学识渊博、成就卓著，孩子就一定要同样优秀甚至更加优秀，普通家境中的寻常父母，他们的孩子也可能成为杰出人才。

为人父母，对孩子总会有各种期待，也会尽己所能去养育和教育孩子，然而父母的责任是否真正尽到了，很难量化。孩子的学业和以后的事业，最终结果都无法预设，也没有区分优劣的统一标准。总的说来，父母要培养和训练孩子的生存能力，这是一项基本责任，也是一项很高的成就。

这个生存能力，就像走路需要的两只脚。从教授老爸的分享来看，孩子们走在人生道路上的两只“脚”，一只是自食其力，另一只是自得其乐。

自食其力是可以养活自己，满足生存需要，还能建立家庭，独立养育儿女。

自得其乐是能够善待自己，有时间和精力去做有趣的事情，满足自己心理和精神的需求，找到生命的快乐和意义。

自食其力的人才能体验到存在感

自食其力这个词不难理解，是指一个人不依赖外力，靠自己的能力生活。

孩子小的时候自然需要父母抚养，需要家庭提供生存保障。成年之后，他们要作为独立的个体进入社会，成为职业者，创造自身的社会价值。与此同时，无论是否建立自己的家庭，都要逐渐成为“持家者”，能够操持自己的人生和未来，这样才能好好过一生。

社会发展太快，生活成本越来越高，子女刚刚开始独立生活的时候，家庭的支持依然不可缺少。然而父母不仅要提供能提供的，还要提供该提供的，才是真正对孩子有助益。像“啃老”“妈宝”这样的孩子，其自身的价值感不可能太高，迟早会出现各种问题，现实中这样的例子比比皆是。

“我爸妈给我买了房子，车子，替我管孩子，但是我一点也不感谢他们！”这是我早年教过的学生小方说的话。小方现在是两个孩子的爸爸，自己却还没有长大，因为缺乏独立性、家庭责任感，婚姻已经处在崩溃的边缘。

小方小时候是那种读书做事不勤奋，也不淘气惹事的孩子，各方面表现都尚可。他话不多，朋友不多，爱好不多，唯独很爱玩网络游戏，高考后考上了一所普通的大学。小方的爸爸自己开公司，很会赚钱，家里经济条件不错。妈妈一直不工作，先是全职照顾他，管得比较严格，后来是照顾小方的家庭，管得更是全面。

小方大学毕业后不想继续读书，又找不到更好的工作，就进了爸爸的公司。虽然他对各种业务都没什么兴趣，但是乐得轻松自在。爸爸觉得他不思进取，很难担起重要岗位，对他睁一只眼闭一只眼，他则尽可能躲着工作，只求清闲。家里经济条件好，小方自身的各方面条件也还行，很容易找到结婚对象，因此年纪不大就当了爸爸。家里有妈妈照看，孩子也有保姆，小方没什么可操心的。但小方的妻子有工作，也有上进心，渐渐地对小方越来越不满意，埋怨他什么都不管。小方讨厌听妻子唠叨，干脆找各种借口不回家。后来夫妻矛盾升级，孩子的奶奶和外婆也掺和进来，闹得越来越厉害，婚姻摇摇欲坠。

一晃过了30岁生日，小方很痛苦，也很迷茫。都说三十而立，自己却毫无用处，每天都在混日子，像个废物。他觉得妻子的指责很正确，自己最难面对的是两个年幼的孩子，不知道接下来应该怎样做。很多人觉得小方很幸运，以前他自己也这么认为，但婚姻亮起红灯后，他越来越觉得忧烦，对父母，尤其是对妈妈充满怨责。

一个人不懂得或者没机会自食其力，对慢慢人生路而言会是一种悲哀，甚至会导致自己危机重重。即使家人的护佑一直都在，生存也不用发愁，但这种不是凭借自己的力量得来的满足感很难长久，迟早遭到他人尤其是自己的轻视甚至厌恶。当然也有一些人一直不觉得不能其力是问题，但等到他们的孩子长大之后，反过来觉得作为父母的他们没用，看不起他们，那个时候，状况就很难改变了。

自食其力这项能力在所有人的生命力都非常重要。越是对孩子好，越不能因为心疼而包办代替，更不能一切为了学习而不让孩子做家务、劳动，甚至不让参与需要付出体力和心力的社会活动。孩子的生存能力不足，会后患无穷。

自得其乐是心理成长的能量源泉

自得其乐的“乐”，浅层的意思是指快乐，深层的意思是指美好幸福的感受，是一种积极的情绪情感体验。人生不易，当人们身处辛苦疲惫的生活种的时候，“乐”是照进缝隙的光。

积极的人生体验不能消除人生道路上的艰难困苦，却可以提升面对挫折的勇气，也能增加战胜困难的力量。正因为没有平坦安然的生活道路，也不会有恒久存在的外部资源，所以才需要孩子们能够生成拯救自己的内部资源。自得其乐，就是帮助自己获得内部资源的能力，是帮助自己稳步走在人生道路上的另一项重要能力。

人们常说人生有三乐：自得其乐，知足常乐，助人为乐，其中最为关键的一个便是自得其乐。一个人只有自己找得到快乐，才有能量去长久保持良好状态。首先要能够做到自助，才能有助人的能力。保持乐观的状态，才能获取源源不断的内部资源；帮助他人，才能积累有益的外部资源，这两个方面都是人生幸福的保障。

孩子们在小的时候都具备自得其乐的能力，一些很简单的游戏、很普通的玩具就能让他们沉浸其中，乐不可支。孩子的这些独自玩耍的时刻不要轻易打扰，要鼓励和引导孩子逐渐体验自己寻找乐趣的重要意义。孩子确实需要父母的陪伴，但不是时时刻刻都需要关注和帮助，所以要给予孩子一定的空间。

乐的能力的培养都在休闲时光，其价值和意义绝对不低于学习成绩。比如有的孩子会唱歌，有的会演奏乐器，有的会画画，有的爱读书，有的爱做手工，有的爱运动，等等。这些喜爱和热爱都很宝贵，很多人后来的职业成就，和年少时的乐趣密不可分。

孩子上学之后，因为学习任务不断增多，很多父母逐渐无暇顾及孩子的乐趣，不但不再支持孩子去找到并体验快乐，反而横加干涉，剥夺孩子们自得其乐的时间和机会。对孩子的长远发展而言，这是一种非常可怕的短视行为。无论处在哪个学习阶段，都不要剥夺孩子做有趣的事情的权力，即使是面对中考和高考，也要有必要的休闲活动作为调剂。

学习和工作本身，经常会有令我们感到枯燥、身心疲惫的时候，也会有遇到困难挫折举步维艰的时候，如果有可以愉悦自己的事情去做，是非常难得的生活调剂。一个人总能找到乐趣，在身心耗损的时候就能获取新的能量，让自己重新出发，去创造更美好的未来。

自食其力、自得其乐的孩子最强大

给大家讲个例子。小宁是典型的“别人家的孩子”，学习很努力，校园工作很认真，弹琴唱歌都很棒，是学校最受欢迎的音乐社团的团长。更重要的是他充满正能量、积极开朗、对别人真诚友好，老师和同学都很喜欢他。

小宁有一个很突出的特点，就是敢于尝试自己并不擅长的领域，比如学校里的一些比赛，如果班里凑不够人，他一定会参加。无论技术水平如何，那种积极参与的热情，总是可以带动伙伴们的热情，鼓舞团队的士气。即使自己输得很惨，甚至“出糗”，他也并不在意。队友表现欠佳，他绝对不会指责；因为自己的失误影响了大家，他会坦然面对，并诚挚道歉。

刚刚升入高中时，总有同学认为小宁很“假”，会“装”，后来相处时间久了，那些优秀的品质自然会被认同。当然，小宁也有缺点，也会犯错误，但每次他都主动承认，并且尽力调整和改正，十分难能可贵。发展如此好的一个孩子，必定和父母的教育密切相关，后来发生的事情也印证了这一点。

小宁的家境很好，并没有被娇生惯养，从很小的时候起，父母就训练他的生活自理能力和独立性。支持他在很多领域尝试和体验，不仅应该做的要做，而且他喜欢的都可以去做。无论是学校的功课还是其他的知识技能，父母教会小宁的认真、诚实、勇于承担等优秀品质，比好成绩重要得多。

小宁的独立与担当，是父母帮助他塑造的极好的特质，所以从升入高中开始，他的生活、学习和校园工作，都不用父母操心。父母严格要求他要认真努力地学习，同时又非常尊重他的兴趣与爱好，并尽力提供支持。小宁说自己有很多喜欢的小玩意儿，爸爸妈妈从来没有说过他幼稚。

小宁有些偏科，学习成绩并不突出，但他并不是那么在乎输赢。高考后小宁去了喜欢的城市，进入了只能在当地算比较好的大学，选择了擅长且热爱的专业。大学里的小宁更加踏实稳健，不断发挥优势，以优异的成绩获得名校的硕博连读资格，拥有了更加宽广的未来。

父母之爱不能霸占孩子的人生跑道

如果可以，相信很多父母愿意庇佑孩子一生。然而生存法则就是这样，总有无法抵达的地方，也总有难以实现的愿望。孩子在起跑的时候输给别人没那么可怕，能否抵达胜利的终点才更加重要。

很多人认可“父母是孩子的起跑线”这个说法，但是很多父母对此理解有偏差，最后成了代替孩子去奔跑。让孩子有一个更好的未来，这成了很多父母辛苦工作、努力生活的强大动力。他们奋力工作、积累财富，给孩子准备教育和生活所需的物质资本，等孩子长大以后再给孩子买房、买车……

父母“投喂”孩子太多，就会降低甚至消除他们自我奋斗的动力和能力，也就是剥夺了孩子的生命意义。“可怜天下父母心”中的“可怜”，也可以理解为父母的心意用得不合适，他们辛苦半生，换来的却是孩子的不幸与埋怨。

父母需要经常反省和调控的是，作为父母，教育子女应该授之以“鱼”，还是授之以“渔”。过于关注学习成绩，过度提供物质保障，是家庭教育中的常见问题。其结果是孩子即使很好地完成了学业，往后的事业和生活状态却并不乐观，甚至忧烦不断。这样的例子比比皆是。

聪明的父母，首先关注的是如何提升孩子独立自主、敢于承担的意识和能力。无论学习还是生活，孩子都要承担起自己该承受的部分。智慧的家长，一直尊重孩子的兴趣和特长，创造并珍惜孩子得到乐趣的机会。即使孩子喜欢的和父母喜欢的很不一致，只要不是有害于孩子的身心成长就好，不要随意评价孩子的兴趣爱好，更不能挖苦、贬斥。

一生很短，有意义、有价值不仅体现在学业与事业的成就上，还体现在有没有属于自己的快乐空间上。人这一生必须要做的事情可能有很多，要承受的负担也很重，所以培养孩子们生存能力的同时，还要帮助他们储备属于自己的快乐时光。

所有孩子都需要的里程碑

就像每个孩子长大的过程，总要经历一些洗礼：生活的某些变故，重要的比赛，关键的考试……很像自然界的疾风骤雨。孩子们每通过一次考验，就能树立起一座小小的人生里程碑。

小凡的高考里程碑

8月下旬，孩子们还在假期的尾巴里，校园明晃晃的日光下偶尔有几个晃动的人影，是提前返校为开学做准备的老师。我没想到会在工作室的楼梯间看到一个男生，稚气的脸、矜持的笑容、沉稳的眼神，看着很熟悉，我仔细想了想，是这届高三毕业生小凡。

小凡是一个聪明又努力的孩子，学习成绩一直非常突出，是国内顶尖大学的种子选手。他进入高三之后成绩开始波动，尤其是下学期，这让他压力越来越大。我们市里几年前开启的高考改革，让孩子们有了两次英语考试机会，三月份的第一次英语考试，小凡发挥得不好，他来找我讨论如何才能调整好考试时的心态。

小凡说父母一直告诉他高考是人生的第一座里程碑，绝对不能出问题，可是他无法做到心无旁骛、意志坚定，因此对自己很失望。高三的寒假里他几乎每天都在做英语题，必须要在英语一考中拿下保底的成绩。以前考试，小凡从不慌张，没想到这次心里就是没底，爸妈越说他没问题，他就越心虚，导致他在考场上频繁分心，总担心自己出错，成绩自然不会太好。

我和小凡先后聊了两次，先是调整他的认知，并尝试帮助他扩展对高考的看法。我告诉他高考里程碑上并不是只刻着一个分数，还给他推荐了一些常用的压力缓解的方法。然而第一次英语考试没考好，对小凡和他父母的打击都不小，家里的应考气氛怎么也轻松不下来，导致小凡接连两次模拟考试的成绩都不太理想。

高考前的十几天，小凡说自己心中原本清晰的里程碑变得模糊而遥远，也很难战胜那些自动出现的消极想法和情绪，他想要放弃高考，明年重考。我告诉他，即使决定重考，也没有必要放弃这一次的高考，况且考试还有很多偶然因素，比如说考试时的天气影响，还有运气。最终，小凡改变了想法，咬紧牙关完成了考试。

小凡考上的是南方的一所知名大学，虽然听到的人都会觉得他很优秀，并向他表示祝贺，但是没能进入国内顶尖大学，家里人还是觉得非常遗憾。因为专业是小凡喜欢的，而且是这所大学的强项，前景也很好，所以小凡决定接受这样的结果。

高考已经过去两个多月，我问他现在往回看会有怎样的感受，他说从不满失望到平静接受是一个艰难的过程。暑假里小凡先是打工，后来出去旅行，和各种各样的人交流。慢慢回顾自己的成长过程，小凡终于明白老师说的真正的里程碑不是一堆数字，而是锤炼意志、磨砺心志后由内而外散发的光芒。他来学校就是要告诉我这些感悟和自己对大学生活的新设想。

里程碑效应是为了更远的未来

里程碑指的是代表某一个阶段结束的标志性事件，里程碑效应指的是在人生经历中发生的事件对自己产生重大影响。只要是对自己而言影响很大、印象很深的事件都可能产生里程碑效应。里程碑是一个结果，是过去时态；里程碑效应更强调整个事件给一个人带来的影响，是将来时态。

中考、高考这样的选拔性考试，对绝大多数孩子而言都具有里程碑效应。考试结果有好有坏，考入的学校也有满意和不满意，这些都只是一个结果，更重要的是要全面分析和审视整个应考过程，得到珍贵的体验与领悟，帮助孩子形成对自身和世界的新认知。

很多对孩子成长影响较大的事件往往具有一定的强制性，无论孩子是否愿意，都有可能被家长要求参加。比如各种才艺考级、学科竞赛、升学考试，这些项目有明确的输赢界定。如果孩子取得了骄人的成绩，父母才觉得会觉得这个结果是一个里程碑。但其实，里程碑效应则不一定非得是好的结果才行，就算做得不够好，甚至是失败了，只要孩子勇敢接受，并找到了更正确的方法或者更好的方向，是一种主动选择的积极改变，那么这件事就具有里程碑效应。

确认孩子的里程碑，是为了更好地为他们设定未来目标

孩子完成每一个重要任务的结果就是一个里程碑，需要父母及时帮助孩子确定这件事的意义，并帮助孩子获得更多正向的领悟，否则即使是令人艳羡的一座里程碑，意义也仅限于曾经的辉煌，不见得能给孩子的下一段人生经历带来积极的作用。这样的例子比比皆是。

有一些升学考试考得很好，甚至是超水平发挥的孩子，如愿升入自己梦寐以求的学校，但没有看到自身的不足，新

的学习任务难度骤增，不但难以取得更好的成绩，甚至连身心健康都不能保证。重点高中和名牌大学中，这样的孩子比较常见。

要想发挥积极的里程碑效应，最重要的部分就是建立全角度的发展目标。对孩子们而言，不仅仅是学习目标，还有更重要的成长目标。以学习为基础，同时拥有更加广阔的、朝向未来的规划意识，对每个人都很重要。明白规划的意义和作用的孩子，对未来也会更有信心。

比如从升学考试这个里程碑事件中能够进行认真分析和思考的孩子，不仅可以更好地规划未来，还能极大提升心理成熟水平，变得理性而坚强，同时也能对下一个里程碑事件做出更加充分的准备。

设定合理的目标要基于孩子对学习状态和生活经历的自我反省，这里需要考虑的基本角度有两个：一是自身条件，对目标而言有利的因素和不利的因素各有哪些；二是外部条件，孩子可以得到的支持因素和必然存在的干扰因素又有哪些。

关于发展目标的讨论，应该是亲子之间认真且正式的谈话内容。比较适宜的交流契机，应该是在里程碑事件前后，也可以是一个学习阶段的始末。比如开学前和孩子讨论新学年的目标，不是敷衍地随便说一些打算，更不是雄心壮志的表白，而是有可能实现的、有时间设定的、可操作的、能量化的、成系统的目标规划。

目标话题不能当成茶余饭后的闲聊，想起来就说几句，这样很容易降低目标的激励作用。里程碑是孩子的成长记录，所以目标不能是父母的单方面意愿。

和孩子认真讨论他们的里程碑，是一种接纳和尊重

期末考试结束和假期之间会有一周左右的空档，一些同事会把孩子带到学校来。一次，有几个小学生来我的工作室玩，孩子们叽叽喳喳的，工作室里瞬间生机勃勃。我发现一个小姑娘总是自己待着，就走过去找她闲聊。她看起来不怎么想和我说话，只有点头、摇头和简短的回答。

小姑娘读小学四年级，当我问她这学期有没有什么事情

令她印象深刻的时候，她忽然打开了话匣子，不假思索地说："当然有啊，最近就有！"说话的时候表情认真又严肃，语气里有些愤怒，原来她是心情不太好才不想说话，这个偶然提出的问题刚好说中的她的"痛点"。

她告诉她在我这学期遇到了一件大事，有一个特别好的朋友和另一个同学打架，闹到老师那里，老师找她了解情况，她觉得是朋友不对，是朋友在欺负别人，就实话实说了，结果朋友被老师批评了。然后朋友跟她翻脸了，骂她是叛徒，还挑唆同学孤立她，她为此非常伤心。

她跟妈妈说了这件事，妈妈说小孩子之间闹矛盾没什么了不起，那个孩子本来就不好好学习，别理她，正好收收心。我问她有什么感受，她气呼呼地说再也不相信友情了。之后我们讨论友情是什么，该如何选择朋友，以及以后遇到情感与正义或道德之间两难的时候，怎样处理会更好。

我们谈了 1 个多小时，孩子明白了不是友情不可信，而是自己的看法和做法需要调整。小姑娘很开心，还对我表示感谢，说妈妈总是很忙，基本没有时间和她说那么多话。这个年纪的孩子，开始逐渐在意伙伴关系，朋友之间的矛盾冲突对他们的影响很大，这次的友情危机事件，对这个孩子来讲就具有里程碑效应。

孩子虽然每天都在父母身边，但是内心世界可能和父母有遥远的距离，因为孩子的小心事常常被大人忽略。这类父母更在乎学习和考试，觉得那些孩子们认为的“大事件”实在是小题大做。孩子对自己、对他人，以及对世界的新感受，都是成长发展的关键节点，如果总是被父母忽略，只把注意力放在学习上，孩子要么学不好，要么情商低，很难适应未来生活。

父母也可以和孩子交流一下自己的里程碑

父母的人生历程更加漫长，经历的“里程碑”事件更多，感受也更深、更丰富。虽然父母和孩子生长在不同时代，但是成长规律肯定有一些相似之处，尤其是遇到伤害、挫折和打击的时候，会有什么感受，怎么做会更加糟糕，如何应对才更有利，都可以和孩子聊一聊。

父母讲自己的里程碑，很像是咨询心理学中的“自我揭示”，其重要目的不是单纯的父母想说，而是对孩子有帮助，可以拉近亲子距离，融洽亲子关系。父母讲自己的往事要考虑适当和适度，判断的基本标准有两个：一是孩子想听，二是说了有积极作用。

父母和孩子聊自己的人生经历，首先要考虑他们的年龄和成长需要。年纪小的孩子更愿意听父母讲自己小时候的事情，长大的孩子则要看他们的兴趣是什么。别说孩子听不太懂的，或者用不到的那些往事。如果总是老生常谈，把“我当年……”挂在嘴边，反复说个没完，那么更不会起到什么积极作用。

其次，和孩子聊自己的里程碑不是自我吹嘘和自我标榜，更不是贬低和耻笑孩子。

“我当年家里条件那么差，哪像你现在这样要啥有啥，但我学习还是很好啊。”“就这点事情还值得你难受啊，这有什么，当年我经受的，你根本想象不到！”

这种分享一般只是父母单方面输出，孩子得到启发的可能性很小。

分享自己的经历不是一定要讲成功经验，别怕丢脸和“出糗”，最好实事求是，客观呈现，这样对孩子成长更加有益，满口大道理的父母很令孩子反感。

越长大越优秀的奥秘

孩子的成长是一个漫长的过程，家有成年子女的父母都会有感触，没有一帆风顺，更不存在完美收官。如果孩子从小到大发展得越来越好，是最为舒畅幸福的感受；不好不坏的持平状态也还不错，可以接受；如果时好时坏，则非常考验家长的心脏功能；如果越来越糟糕，生活简直就像失去了希望。

表现越来越差的大孩子

7 岁的小阳长得虎头虎脑，聪明又调皮，一直是家里的开心果，很受宠爱。爸爸妈妈工作忙，平常主要是外公外婆带着他。父母能管孩子的时间很少，所以只要有机会陪伴，就尽量满足孩子的愿望。小阳精力特别旺盛，读幼儿园的时候是出了名的“淘气鬼”，老师从小班一直带到大班，很了解他的特点。他很爱听表扬，如果不听话、违反纪律之类的，哄一哄、夸一夸也都过得去。

过了几年平静快乐的日子，小阳上小学了，没想到这个曾经人见人爱的孩子，“人气”急转直下。因为小阳过于活泼好动，在学校里总是违反纪律，比如借着去卫生间的机会偷偷跑去操场玩，上课乱说话，老师越不让碰的东西越要碰，等等。班主任经常请妈妈协助教育，开始的时候妈妈会很有耐心地给小阳讲道理，鼓励他好好学习、遵守纪律，说相信他可以做得好。可是这根本不管用，问题反而越来越多，气得妈妈开始对他批评、训斥、罚站，这种管教方式只能在短时内起作用，过后小阳会继续变着花样出状况，弄得妈妈都有“心理阴影”了，只要老师一打电话，心脏就不舒服。

妈妈为此很苦恼：“都说好孩子是夸奖出来的，所以我一直用赏识和激励的方法教育孩子，怎么上了小学就不管用了呢？严格管理好像更不管用，遇上这样软硬不吃的‘熊孩子’，我就无计可施了吗？”

小阳妈妈的烦恼其实很普遍，不仅是幼小衔接，各个学习阶段的起始年级里，可能都会出现这样的问题。孩子升入新的学习阶段，表现和之前反差很大。之前一直没怎么让父母操心，甚至很优秀的孩子，怎么突然就变糟糕了呢？是不是孩子缺乏适应能力呢？

小阳的这种情形的确属于比较严重的“新生适应不良”，孩子对新环境、新角色的适应能力低，容易出现情绪和行为问题。表现不好，自然会受到老师和家长的批评，孩子会随之产生挫败感，这些都是正常现象。然而上学前后反差太大的评价，或者上学后过多的负面评价，超出了孩子的承受能力，就会出现怎么管都没用，甚至越管越糟糕的结果。

那么孩子怎么才能成长得越来越好呢？教育孩子的核心技术究竟是什么呢？父母有必要了解一下心理学中的“阿伦森效应”。

关于“阿伦森效应”

艾略特·阿伦森是美国著名的社会心理学家，他是第一个在科研、教学和写作三个方面均获得美国相关奖项的心理学家。阿伦森效应来自一个经典的心理学实验，大概的操作步骤是研究者将参加实验的孩子们分成四组，在不同小组的活动中提供不同的评价，并观察哪一组的评价效果最好。第1组始终给予肯定和表扬，第2组始终给予否定和批评，第3组先表扬后批评，第4组先批评后表扬。

研究结果发现第4组得到了最好的评价效果，效果最差的是第3组。也就是说一直表扬的效果并不是最好的，孩子们并不是听不得批评，而是要看时机和顺序。阿伦森效应也由此次试验得出。

阿伦森效应是指人们大都喜欢对自己赞赏的态度或行为不断增加的人或事，而反感赞赏的态度或行为不断减少的人或事。所以在对孩子的教育过程中，并非很多人惯常理解的越夸越好，最糟糕的也并不是严管到底。

从阿伦森效应的角度分析，孩子进入新的环境或者新的学习阶段后，表现快速变差的一个重要原因是外界对自己的态度和评价和先前反差太大，令他们难以承受。很多大人认为，孩子值得赞赏和表扬的时候，才要给予正面的评价，表现不好了当然不表扬，甚至还要批评和给予一定的惩罚，这有什么不对的呢？

好像没什么不对，似乎也很合理，但合理未必合情。过于强调理性的视角，忽略了人同时是感性的，尤其是孩子们。他们年纪越小越在意情感连接，因为这是安全感的来源。孩子很容易将批评和惩罚理解为父母或者老师不再爱我自己，觉得自己缺爱的孩子就像缺少了感光能力的树苗，成长的能量会大大减少。

从阿伦森效应来看，即使是不给予孩子惩罚、批评或者负向的评价，单单是从非常欣赏到小小的表扬，再到不给予肯定，这种正向评价的递减，一样会带来强烈的挫败感。像小阳这样上小学后管不住自己的孩子很常见，老师批评他，请家长协助管理等都是寻常操作，很多孩子通过逐步调整，慢慢能够适应。

小阳的问题是自身发展水平滞后，自我管理能力欠缺，调整速度偏慢，导致老师与家长一致不满。小阳之前一直是被宠着、哄着长大的孩子，对他来说已经习惯了的赞扬在逐渐减少，甚至变成持续的批评和指责，导致大量的挫败感和不安感叠加累积，才会出现怎么管都没用，越管越严重的现象。

不仅仅是孩子，成年人也一样。父母们不妨试着想想：如果自己换了一个新工作，上司各种不认可，或者换了一个管理风格不同的领导后总是对自己表示不满，那么就算知道自己有做得不够好的地方，或者没有达到新要求，心里也会很别扭吧。厌烦、愤怒等各种负能量堆积，如果无法快速扭转局面，又不能正面抵抗，人就会变得消极、懈怠，导致比之前的工作水平还要差。所以，父母在对孩子不满意的时候，需要换位思考一下。

那么在家庭教育中，阿伦森效应有什么作用呢？

不可滥用积极评价

认可、表扬、夸赞这些积极评价对孩子的成长很重要，但是不要滥用。滥用既包括评价过高，也包括用得过多，尤其是在孩子小的时候。

孩子小时候更容易得到家人的积极评价，一方面是小宝宝一天一个样，总会给大人带来成长的惊喜。孩子有一点点的进步，父母就开心得不得了，甚至等不及要告诉所有的亲戚朋友，这时的表扬和称赞都是内心欣喜使然。也有一些很重视早期教育的父母，非常在意孩子自尊心和自信心培养，会刻意给孩子以积极的关注和评价。但无论是自然表达还是刻意为之，从孩子长远的成长和发展来看，表扬和肯定都不能过多和过度。

持久的褒奖的确会促进孩子的努力和进步，但总有一天，孩子就算十分努力也无法很快进步，因为他们要完成的任务越来越多，也越来越难。等到孩子无法令大人满意的时候，褒奖也就会随之失去。之前被认可和欣赏的次数越多，之后失去的时候负面的反应就会越强烈。

在此我建议父母们，在孩子年幼的时候，鼓励也好奖励也好，都千万不要过度，不能让肯定和表扬变成孩子的一种习惯。从幼年到高中，无论孩子的哪一个发展阶段、哪些角度做得好，父母给予积极反馈都是必要的，但是没有必要大惊小怪，甚至过于夸大。

父母的褒奖需要考虑孩子的年龄差异，要尽力在孩子相应的心理成熟水平上做到适度。褒奖小宝宝的语气要强烈一些，频次高一些；面对大孩子，情绪要平实一些，表扬的语言内容要丰富一些，具体一些，但频次可以低一些。

褒奖还要考虑个体差异，如果表现得好，并且是孩子自身的条件跟能力范围内的正常表现，也就是“分内”的事情，就不需要大张旗鼓地赞扬。因为正向强化运用过度，会起到消减积极行动的作用。

雪上加霜是错误操作

孩子们的身心发展有一般的规律，也有显著的个体差异。每个年龄阶段的学习任务和成长目标是相关专家依据发展规律确定的，但是孩子们潜能水平和开发程度不同，完成新任务的速度、节奏和效果也会不一样。也就是说前一个学习阶段表现挺好的孩子，到了新的学习阶段可能会出现问题。如果孩子与同龄人在某些方面的发展水平相差显著，势必会导致严重的适应不良。

幼小衔接阶段出现适应性问题的孩子，很多在先期就已经存在发展性的问题。小学教育和幼儿园很不一样，孩子上幼儿园的时候，发展性的问题往往并不突出，大人们也经常抱着“孩子还小，长大了就好了”的心态，没有给予足够的重视。

比如说小阳，他的注意力和自控力发展水平偏低，其实他在幼儿园时期就已经很明显了，但是幼儿园的环境相对宽松，没有很严格的纪律要求，也没有明确的学习任务。上小学后，小阳多动、扰乱课堂秩序等违反纪律的行为其实是他本来的状态。6岁左右的孩子，看起来总是故意捣乱肯定不是态度的问题，而是心理发展水平偏低，自控能力欠缺导致的。

无论在哪个学习阶段，班主任都要管理几十个孩子，遇到问题多的孩子一定会“请”家长。父母如果总是被请到学校，那么他们的心理压力自然会逐渐增大。像小阳的妈妈，跟万千父母一样，本身的养育焦虑就不低，孩子学习成绩怎样先不说，老是违反纪律就足够让她“抓狂”了。即使是大人，消极情绪下的想法和做法也很容易变得偏激，如果用简单粗暴的教育方法逐渐替代耐心教导和积极期待，孩子不可能有好的转变。

父母要时刻提醒自己是成年人，孩子出现问题的时候，需要先充分控制住自己的情绪。孩子的成长和发展顺利就“母慈子孝”，出现问题了就“鸡飞狗跳”，在这样的环境和家庭教育下，孩子的心理无法健康长大，更别说有出息、有作为了。

想想小阳，一个6岁多点的孩子，不但要面对老师的批评，回家后还要被家长批评。外公外婆唉声叹气，一直温和可亲的妈妈板起面孔训斥他，甚至有时候还会挨打，他会有好的感受吗？还有心力去改变自己吗？

对于孩子而言，父母和老师的角色有很大的差别，老师是别人，发现并提出孩子的问题是职责所在，更加偏于理性。虽然父母需要与老师合作引导和教育孩子，但父母是亲人，并非另一个老师，除了冷静和理性，更要温暖和感性。

孩子在遇到困难、出现问题的时候，父母必须先让自己冷静下来。在帮助孩子进行行为矫正的过程中，道理要讲，惩罚也要有，但是不能只有负面评价和严厉惩罚，这样做无异于雪上加霜。

父母要以孩子的实际能力和当下表现为基线，设定可行的调整目标，只要孩子有进步，依然要及时肯定和表扬。

做个“预言家”父母

每年小学、初中、高中甚至大学的新生中，都会出现适应不良的孩子，这是因为新的学习阶段有新的要求。原来学习和其他表现都很好的孩子，到了新的环境不一定依然那么好，很有可能会出现适应性心理问题，甚至引发障碍性心理问题。

父母本该是最了解孩子的人，遗憾的是当孩子出现比较大的心理和行为问题时，很多父母都表示震惊，难以接受，深受打击，根本想不到还有这一天。连眼前的现实都不接受，何谈成为孩子发展的“预言家”。

“他怎么会变成这样呢？太让我失望了！”

“这孩子以前不是这样的啊！他怎么变得连我都不认识了呢？”

俗话说：“3 岁看大，7 岁看老。”这句话形象地阐明了儿童心理发展的一般规律。也就是说孩子前期的心理特点和个性倾向，是未来发展的重要基础。每个人的发展结果都既有先天的因素，也有后天培养和教育的因素。孩子小的时候，能够充分呈现出很多先天的特点，这些特点没有好坏之分，关键看父母能否准确发现，并给予恰当的教育和训练。

科学的心理学和教育学知识不仅是学校教育必需的，家庭教育更需要。因为与孩子心理成长相关的基础训练，是家庭教育的重要组成部分。父母应该主动学习和掌握有关孩子的个性特点、行为习惯、认知水平等方面的知识，能对孩子进行全面准确的评估和分析，这是家庭教育成败的关键环节。

只盯着孩子当下学习成绩，对孩子的问题后知后觉，这样的父母很不称职。父母不但要关注孩子当前的学习和生活状况，还要了解下一个学习阶段对孩子的要求，依据孩子的特点，预估可能出现的问题。

“预言家”父母会事先做好预案，调整自己和对孩子的期望值，尽力帮助孩子突破困境。孩子出现发展性和适应性问题都很正常，如果孩子的能力不足，出问题是无法避免的，但是总有解决问题的方法。最怕的是父母没有合理应对，引起了障碍性问题，那就难办了。

大孩子更需要认可

孩子的任何一个成长阶段都可能遇到问题，父母不能盲目乐观。当然，在任何一个发展阶段，孩子出现的问题中都存在着成长契机，没有困难和挫折就没有真正意义的成长。

随着孩子年龄的增长，学习阶段不断向着高年级的上升，需要承担的学业和成长任务越来越艰巨，各个方面和同龄人之间的差距都会更加明显。无论在哪一个发展角度，都有表现好的、积极努力的孩子；同时也有落后的、掉队的，甚至放弃自己的孩子。前一个学习阶段的佼佼者，很可能在下一个阶段成为失败者。无论是重点高中还是名牌大学，越是优秀的群体，竞争越是激烈和残酷。所谓的学业“内卷”，卷进去的不仅是孩子，更是家长。

长大的孩子要建立自己与外界的联结，要确定自己在世界中的位置，在与别人的竞争中会发现，真正的对手往其实是自己。升入初中之后，迅猛的身心发展和越来越多元的评价标尺，是孩子面临的最重要的考验。无论孩子的学习成绩怎样，各方面表现如何，只要有父母的认可，孩子就能拥有最持久的成长动力。

阿伦森效应告诉我们，孩子从小到大，逐渐增加对他们的认可和欣赏，才是聪明的做法。遗憾的是，现实生活中常常相反，很多孩子从小到大，被表扬和肯定的次数是逐渐下降的，这也导致很多孩子出现心理或行为问题，这一点很值得父母们警惕。

成长力与胜利者效应

每到学期末，各种考试接踵而来，随之而来的是喜忧皆有的成绩单。等家长会和结业仪式结束后，就是舒适愉快假期。然而很多孩子并没有这样的感受，因为老师和家长普遍认为学期结束意味着进入新的学习赛程，假期是追赶和超越的关键期。期末考试考得好的孩子要继续努力，考得不好的孩子更要加时加量。很多孩子不是翱翔在知识的天空，而是沉浮在分数的海洋。

想考高分是因为总被问成绩

一个夏季学期的期末考试前，我和我徒弟的女儿聊天，她叫悦悦，那时她读小学一年级，我想了解一下孩子对学习的感受。

“悦悦，小学一年级快读完了，你怎么看待考试呢？”我问。

“那还用说，考试当然很重要啊，必须好好复习，最好都考满分！”悦悦皱起细细眉头，老气横秋地回答。

“哦，很棒的想法啊！那你能不能告诉我，为什么想着都考满分呢？”

“因为考完试后家里很多人会问我成绩，考得好都高兴，考得差就不好说了。”小姑娘叹了口气。

“哦？有什么不好说的呢？”

“考得好了就会得到表扬，还有奖励；考得不好就都没有了，还会加作业，也许还有听起来像鼓励一样的批评。”刚刚 7 岁的孩子，已经可以理解大人鼓励背后的潜台词了，对此我很是担忧。

想考得好一些只不过是为了过个好年

很多孩子觉得寒假前的考试成绩特别重要，因为春节假期中有各种亲朋好友的聚会，很多人会在聚会中被问到成绩。考得好了，回答起来很容易，可以安心过个好年；考得不好，好像连父母都跟着丢脸，所以很怕去参加聚会，尤其是会见到很多长辈的那种聚会。

从小学一年级到高中，相差 10 岁的孩子对考试的感受却如此相似，很难不令人叹气。本来考试是对某一阶段知识掌握水平的全面反馈，考试成绩却成为衡量孩子优秀与否的最高权重，甚至唯一指标，这是广泛存在的现象，由此引发的道德观念偏差、行为问题和心理问题也变得很常见。

如果学习成绩成为孩子信心的支点会怎样

女孩小晓升入高中后状态越来越不好，她总是情绪低落、不爱说话，对班里和学校的各种活动都不感兴趣，学习上也提不起精神。随之而来的是拖延、完不成作业、上课睡觉、不愿意上学，成绩从中等降到末尾，升入高三后更是连考试都不愿意参加。

家人和老师用尽了办法也无法改变小晓的精神状态，父母为此忧心忡忡，觉得如果孩子连大学都考不上，她以后的人生该怎么过啊。小晓升入高中之前的表现一直都很好，虽然性格内向，但是很积极，也知道努力，所以成绩一直特别好。虽然初中没能进入重点学校，但因为成绩一直领先，所以还是考上了重点高中。本来家长觉得松了一口气，可没想到孩子竟然越来越懈怠。

刚开始上高中的时候，小晓很有志向，说要考入最好的医科大学。小晓的父母觉得，初中学校的教学质量没有那么好，孩子都能考上重点高中，那进了好的高中，自然能考上更好的大学。小晓的父母感到特别欣慰，觉得孩子很有出息。

高中的功课很难，小晓更加认真听课和写作业，也补了很多课，成绩却比预想的差很多。妈妈说自己尽管有些失望也没太责备孩子，后来觉得是孩子不够聪明，能力达不到，于是就建议小晓把目标降低一些，能上重点大学就行，不见得非得是最好的医科大学。可小晓不但不听劝，学习状态还越来越差，然后逐渐认为自己一无是处，并且经常发脾气。

小晓一直拒绝接受心理咨询，高三上学期快要结束的时候才来找我，她说知道自己有问题，但是无法改变。糟糕的情绪、混乱的大脑，在这种情况下还要坚持上学，她觉得很受罪，所以常常想放弃。老师说只要跟住了，即使成绩在后面，普通大学也能考上，但小晓觉得太丢人了，从年级前几名到倒数，自己根本无法接受。

小晓认为自己的长相、气质都很普通，家庭条件也一般，再加上性格又不是那么阳光可爱，简直没有任何特长，所以她一直以学习成绩作为自信心的来源。后来连学习也不好了，经常感觉别人看不起自己，觉得毫无希望，心里特别难过，也没人能理解自己的痛苦。虽然妈妈总说不在乎成绩，只要身心健康，能够坚持到底就好，但是小晓并不相信，认为父母是没有办法了才这样说。从小妈妈就说女儿的学习成绩是她最大的骄傲，不管生活和工作多么不如别人，孩子学习好就是最有面子的事情。

我见过很多像小晓这样不甘于平庸，不愿意被人忽视，但是又改变不了现实，只能选择逃避和放弃的孩子，什么年纪的都有。产生这种共性的原因就是大人们过分在意孩子的学习，无限放大成绩对未来的影响，潜移默化之中，孩子们将学习成绩和自我认同紧紧绑定。

自信心是孩子成长力的能源

成长力是指一个人在认知、情绪、情感和行动等方面持续发展、不断进步的能力，既有智力发展更有非智力的发展。成长力充沛的孩子，具有不断进步的动机和力量。他们不怕失败、追求卓越，对自己有着清晰的认识和合理的期待，就算身处逆境，都能保持热忱，目标依然明确，行动依然积极。

父母都希望自己的孩子具有足够的成长力，却不知道成长力的基础是安全感，能源是自信心。自信心是一个人在对自己客观全面地认识的基础之上，对自己的接纳和认可，包括能力、性格、品行，以及身心状态等多角度、多层次的自我评价，是适度的自我期待和积极的自我观念。

身为学生，追求成绩优异是对的，但是父母在评价孩子时却不能赋予成绩绝对化的至高权重，这不是在激励孩子，而是开启了损毁模式。道理很简单：成绩不好的孩子，很早便失去自信，何来积极成长；而成绩好的孩子，成长的风险值更高，因为所谓好只是当下的好，不存在永远的第一名，越是在高年级失去学习成绩的优势，带来的心理问题越严重。

大人们都知道，一件总是让自己体验到失败的事情不可能让自己一直觉得它有趣，人们甚至会很讨厌它，觉得它很可怕，这就是孩子厌学的一个主要原因。孩子们正处在身心发展的阶段，情绪和行动的自控力均偏低，容易泛化，比如厌恶某门功课或者学习，连其他技能和知识的学习也会厌倦，甚至包括生活的全部，这也是未成年人出现抑郁症、自残甚至自杀行为的一个重要原因。

将自信心与学习成绩绑定的孩子，即使成绩好的时候，自信心也不够充足，一旦成绩下滑，内心就会十分不安。而总是对自己不满意，自我评价低的孩子，即使做擅长的事情，面对胜算很大的竞争，也会选择放弃。

父母们需要认识到，并不是分数与名次本身影响了孩子的自信心，而是因为为人父母者没能引导孩子正确看待学习成绩。孩子需要学会多元、积极的自我评价，面对和接受失败的同时还要有机会体验到成功。

孩子的自信心表现在能赢敢败和愈挫愈勇上，想要帮助孩子成为真正自信的人，父母还需要了解和运用“胜利者效应”。

至关重要的胜利者效应

胜利者效应是一个生物学术语，来自科学家对动物的行为研究。他们发现动物直接面对强敌会选择放弃，而在战胜一些较弱的对手之后，再与更强的竞争者较量时会勇敢很多，甚至能战胜强敌。

这个效应对人类同样适用，科学研究告诉我们成功会改变大脑中的化学效应，自信使人更能集中注意，更有斗志，也更具进取性。一个人获得的胜利越多，越能够持续下去，比如学习刻苦的孩子获得了好成绩，就会成为他们继续努力的重要动力。

2017年，我国杰出的科学家胡海岚带领她的团队证实了胜利者效应背后的神经学机制，为世界所瞩目。实验结果表明，在相对简单的比赛中获得了成功经历有助于增强自信心，从而提高在更困难的比赛中获胜的可能，这归功于大脑的可塑性。科学家们验证并第一次阐释了“强者更强”的神经科学原理，成功的经历不仅仅是自我安慰，更是真的可以让大脑发生改变，甚至先天的弱势也有可能被逆转。

如果仅仅以考试成绩的高低评价孩子是否优秀，不停地将孩子与更强的对手进行比较，积累来的大多是失败者效应。即使是很有潜能的孩子，若总是以失败者自居，一样会丧失发展的动力。父母不断强调孩子要超越自我，潜台词却是“你不行，你还差得远”，孩子自然会出现各种问题。

正确运用胜利者效应

孩子的角色不光是学生，同时也是不断发展的生命个体。因此多元发展理念，多角度成长评价，是家庭教育的核心内容。

父母该如何正确运用胜利者效应，才能不断激发孩子的成长力呢？

第一，主次分明，与时俱进。

说起学习成绩的时候，很多人默认的是升学科目，也就是主科的分数名次。主科当然重要，但是不能成为孩子唯一的学习内容。虽然日常生活和学习中都需要有主次分明的意识，但学习是长期任务，因此必须有前瞻性。

无论孩子在哪一个学习阶段，只关注主科是短视化的做法，国家推动的“双减”政策，就是为了矫正这个普遍存在的教育问题。首先需要调整的是父母的主次观念，比如小学阶段的孩子，所有学科的学习都重要；孩子身心素质的训练和培养，在所有的学习阶段都重要，其重要程度甚至超过学习成绩。

无论哪一门功课的学习，孩子们都要受到先天和后天诸多因素的影响。无论是智力因素还是非智力因素，都是一个不断发展和变化的过程。父母对孩子学习成绩的期待，要与时俱进、实事求是才合理。

第二，慎重运用比较。

比较是人们认识世界的重要方法，与他人进行比较，目的是了解自己，并找到调整方向，如果已经了解清楚了，就不需要再比较了。孩子长大的过程中，父母要注意不能滥用比较，无论是功课的学习还是才艺的学习，“学”本身就是最重要的，如果孩子能够从比较中得到启发，获得激励，那么才会是有意义的操作。

说起运用比较的高手，我总会想起我曾经的一个学生。在一次考试后的心理辅导课上，他说考试后只需要知道每一科的最高分、平均分和自己的成绩，再依据这几个数据分析自己存在的问题就足够了，其他的都是无关信息。他说这是经济学原理，很早以前他的爸爸就告诉他要学会删除无用信息。高中生在面对分数时能做到如此理性并不容易，这对父子的观念和做法非常值得其他父母学习和借鉴。

第三，帮助孩子创造体验成功的机会。

学习是个广义的概念，无论是哪种知识和技能的学习，都是人生的重要资本。孩子们的潜能各有不同，及时开发就能看到成果，继而增强他们的自信心和成长动力。

功课学习之余，父母们要帮助孩子创设各种可能体验到成功的活动机会。自信心的培养是基础工程，孩子年纪越小，体验成功越重要。

“自行车骑得好有什么用？”“你就学‘闲事’速度快！”“除了玩的时候有精神你还能干什么？！”说类似这些话的父母都需要深刻反省。

关于成功的体验不一定非得高大上，也没有那么复杂——学会做一道菜或烤制一种甜点；学会轮滑或打羽毛球；看完一本书或完成一幅画；敢于参加一个之前不敢参加的活动，明知道可能会输还是坚持完成比赛……生活中的这些可以让孩子体验到丰富、美好和价值感的事情，都是有益的。孩子们从这些途径中得到的成功体验，都会带来胜利者效应。

第四，“想赢”不可成瘾。

父母们需要注意，胜利者效应也有负面作用，因为获胜也会使人上瘾。有的孩子只做自己擅长的事情，只参加有把握的比赛，只想赢也是他们成长和发展的隐患，因为人生不可能只赢不输，输不起的人，无法正视人生。

成功体验和挫折教育并不矛盾，两者的有机结合才是教育者的智慧所在。成长力是持久的动力和资源，是孩子们内心深处潜藏的对自己的信任，需要家长和老师不断开发和引导，才能源源不绝。

拆解亲子“鄙视链”

再亲密融洽的人际关系也有矛盾和冲突，面对近在咫尺的亲人，人们更容易看到他们的缺点，这是很正常的现象。不满也好，讨厌也罢，只要是对事不对人就没什么破坏力。如果质疑和厌恶的是某个人，甚至上升为鄙视，这就太糟糕了，并且处在“鄙视链”两端的人都很不舒服。

家庭里包含着一个人最惯常也是最重要的情感连接，对很多人来讲，夫妻关系和亲子关系是人生意义与价值的最大砝码。在亲子关系中，处于“鄙视链”下端常常是父母，这既是孩子的痛苦，更是父母的悲伤。

“虚荣”的爸爸

16 岁的小勇在小时候是留守儿童，上初中以后开始跟着父母在城市里生活，家里经济条件一直不好。父母辛苦赚钱，除去日常开销还要帮助老家的亲戚，所以只能维持清贫的生活。小勇性情温和，纯良朴实，加之生活不易，虽然个头不高、身体也单薄，却能吃苦耐劳，比同龄的孩子早熟。

在小勇的眼中，妈妈一直很朴素，爸爸却比较奢侈，他总是想表现出自己过得很好的样子，所以穿的用的都不便宜。小勇像妈妈一样节俭，并且经常帮家里做事，所以在看到爸爸乱花钱后他心里很不高兴。小勇忍不住给爸爸提意见，爸爸不但不接受，还很生气。

小勇要求妈妈管一下爸爸，妈妈却说别管了，其他地方再节省点，钱也够用，就是觉得自己对不起儿子。看着妈妈眼角的泪花、破旧的衣服和泛白的头发，小勇心里很难过，为了家里安宁些，他只能忍着，然后默默干活，认真读书。

小勇考上了一所很有名气的高中，家里终于有了些欢喜的气氛，爸爸说必须庆祝一下，开心地走出家门。小勇原本以为爸爸去买什么好吃的东西去了，结果他拿回来的竟然是一块潮牌手表，还说自己看了好久了，就等着小勇考上高中后买回来。爸爸兴奋地展示手表的各种功能，强调着价钱有多贵。

在听到一块手表竟然花掉了半个月的生活费后，小勇快要气炸了，和爸爸大吵一架，将积累了很久的怨气一股脑地发泄出来。爸爸说买手表是因为儿子长大了，读高中了，得有点面子，不能让别人看不起。小勇指责爸爸爱慕虚荣，不负责任，搞不好就是自己想戴。

爸爸暴跳如雷，骂小勇忘恩负义，说早就知道儿子看不起自己，有出息后还不一定怎样。爸爸追打小勇的时候误伤了阻拦的妈妈，混乱中手表也擦坏了一点，最后这块手表没人戴也无法退货。父子从此不再讲话，爸爸天天喝酒，妈妈经常流泪。

高一开学不久，心情压抑的小勇来到心理中心寻求帮助。

手表冲突事件中，爸爸的本意应该是希望儿子在同学面前有面子。虽然他不考虑家里实际情况的做法确实很令人气愤，但是爸爸的动机也要考虑。小勇打心眼里看不起爸爸，这种想法平时不明显，但在爆发冲突的时候根本掩饰不住。所以并不是一块手表该不该买的问题，手表只是亲子矛盾的催化剂而已。

小勇承认自己看不起爸爸，不是因为他文化水平低、工作环境差和赚钱少，真正令自己讨厌的是，爸爸不管家人，只顾着自己要面子、爱慕虚荣这些行为。我引导小勇用换位思考的方法去理解爸爸的感受：作为父亲，如果发现被儿子“鄙视”，自尊心必然大受伤害，这时候说什么话他都听不进去。像小勇爸爸这样总以物质的方式充面子的人，原本就欠缺自信，自尊心会更容易受伤。

爸爸是成年人，很多固化的理念和习惯很难更改。虽然小勇改变不了爸爸，但还是可以坚持做自己认为正确的事情。小勇可以保留对爸爸的看法，但是需要改变和爸爸的相处方式，不要忘记“家和万事兴”的道理。小勇很懂事，他说就算是为了可怜的妈妈，自己也不会和爸爸把关系闹得太僵。小小年纪就学会了隐忍，这样的孩子才可怜。

“粗俗”的妈妈

盈盈读高三，妈妈替她约了学校的心理辅导，说孩子的状态不好，怀疑她这是考试焦虑。刚结束的模拟考试中盈盈成绩不理想，妈妈说要带她出去散散心，盈盈不但拒绝，而且情绪很暴躁。在跟盈盈的谈话中我发现，盈盈心情糟糕的根本原因不是升学压力，而是厌恶妈妈。

盈盈说妈妈语言粗俗，行为习惯也很不好。比如，在公共场所很大声地讲话，一边走路一边吃东西，去集市买菜也会和人吵架。诸如此类的“恶习”让她非常崩溃，常常为此很尴尬，只要有理由躲得开，就一定会拒绝和妈妈一起外出。

盈盈小时候在爷爷奶奶家长大，因为爸爸妈妈工作都很忙，而且那几年爸爸的身体也不太好。爷爷奶奶对她要求比较严格，希望她在行为举止上都有女孩子的样子，甚至偶尔流露出希望她长大后不要像妈妈那样粗俗的意思。盈盈觉得爷爷奶奶一直都不喜欢妈妈，尽管他们没直接说过。

小学五年级的时候，盈盈回到了父母身边，她很不习惯妈妈的一些做法，于是给妈妈提意见，妈妈要么不理睬，要么一嗓子吼回来，所以盈盈就不敢再说什么了。学校开家长会的时候，盈盈能不让妈妈去就不让她去。上了初中以后，盈盈更讨厌妈妈了，有一个阶段甚至采用“冷战”的方法与妈妈相处，妈妈很恼火，急了还会骂脏话，闹得家里鸡犬不宁。

盈盈和爸爸的关系一直很好，但是他经常出差。一次聊天，盈盈问爸爸为什么会选择和妈妈一起生活，爸爸有些吃惊，于是跟她认真谈了谈。爸爸说妈妈人很好，父母能长久生活在一起一定有原因，孩子长大了才会懂得。爸爸说妈妈工作辛苦，为家庭付出很多，人总会有缺点，希望女儿可以包容妈妈。

盈盈似懂非懂，想着妈妈每天忙碌而疲惫的身影，默默接受了爸爸的意见，尽量减少和妈妈的冲突。但是妈妈年纪越大，坏毛病越变本加厉，令她很难接受，于是盈盈开始使用躲避的方式和妈妈相处。高三前的暑假，母女俩终于一起出门了。中途坐在广场休息时，妈妈非要嗑瓜子，还乱扔瓜子皮，盈盈阻止不了，一气之下便指责妈妈没素质，太丢人，然后自己先回了家。

妈妈罕见的没有发脾气，只是之后好长时间都不理盈盈，应该是察觉到了女儿的鄙视。家里安静了不少，但是盈盈心里还是不舒服，不知道该怎么办才好，也不敢跟外出的爸爸说。模拟考试成绩不理想，妈妈去学校听了心理教育讲座，回家后就要拉着盈盈出去散心。妈妈一贯头脑简单，可能是因为老师讲了备考心理问题，以为盈盈是因为考试焦虑才脾气古怪，于是立刻给她约了心理辅导。

很显然，妈妈一直特别在意女儿，女儿虽然表面上很讨厌妈妈，但其实心里根本放不下，亲情往往就是如此复杂。眼下母女之间的问题并不比备考的事情小，盈盈有机会把心里的想法说出来，对她而言很有意义。高三备考需要平和的心境和稳定的情绪，无论什么原因引起的心绪混乱或者情感压抑，都可能会影响考试发挥，还可能会损伤身心健康。

她们母女之间的问题是性格特点、行为习惯的差异导致了长久的不和谐，孩子不能接受也无法理解。盈盈对妈妈的感情很矛盾，理性情感是想要理解和尊重妈妈，真实的态度却是轻视和拒绝。18 岁的年纪，理性不足感性有余，的确需要一些引导和帮助。

盈盈不否认虽然自己和妈妈之间有很多矛盾，但是亲情不可能放弃，而且改善母女关系的关键在盈盈。我给盈盈的建议是先完成眼下重要而紧迫的高考任务，改善和妈妈的关系则是重要但不紧迫的长期任务。目前可以用备考压力作为理由，缓和与妈妈的关系，也能保持适当的距离。

拒绝的时候给对方一个可以接受的理由，这是一种保护性的掩饰，关系缓和之后问题才有可能真正解决。缓兵之计和权宜之法，也是孩子们需要学习的功课。

亲子关系问题不是考试题，不能简单地判定谁对谁错，每一个人为什么会成为当下的自己，原因很复杂，很多时候旁人无法主控。妈妈为什么会是这个样子，爸爸的话有什么深意，值得盈盈在今后的生活中慢慢寻找答案。

“鄙视链”是成长信号

几乎所有的父母都会感受到来自孩子的不满、质疑，甚至是否定和轻视。父母们都觉得小宝宝可爱，其中一个重要的原因是她们对父母无条件的信任和依赖。忽然有一天，这个小不点开始有了自己的意见，不听爸妈的话，甚至出现鄙视的神情和语气，父母会觉得又新奇又可气。

孩子是独立的生命体，对于生活和世界会逐渐产生自己的认知，质疑权威其实是长大的信号，这是人的发展规律。无论在什么样的家庭环境中长大的孩子，随着年龄不断增长、心理不断成熟、经验逐渐丰富，对待自己和他人，学习和生活，现在与未来，慢慢都会有独立且独特的看法。

孩子对待人和事有批判的能力，起始年龄差异很大。有的孩子才几岁，就能质疑父母的说法和做法，而且有理有据。这是自我意识和言语能力发展水平较高的孩子在向成年人反馈他们看到的世界。孩子们可以准确洞察生活中的不一致与不合理。

一个人从被动接受父母、亲人、老师等重要他人的评价和引导，发展到批判地看问题，有选择地接受建议，直到对自己所感知的世界建立起完整的、有弹性的评价体系，这个过程很漫长，并且非常需要父母的支持和鼓励。

鄙视敏感症

如果父母在孩子面前的权威意识过强，不能接受孩子的反对意见；或者父母本身缺乏自我认同，甚至有自卑感，无法接受孩子的批评，甚至小小的轻视和反对都不行，这就是得了“鄙视敏感症”。

鄙视敏感症其实就是一种过敏反应，指很小的刺激就能够促发一个人强烈的负性情绪。父母情绪异常的时候无法进行理性思考和判断，即使孩子的看法很正确也没有用。不是谁对谁错，而是话语权的问题。

曾经有个妈妈咨询孩子的教育问题，她有两个女儿，因为要照顾孩子，所以辞去工作，每天忙得团团转。有一次大女儿没考好，妈妈说了她几句，结果孩子顶嘴说还不是因为妈妈是家庭妇女，没文化，也不读书，无法辅导自己功课。不到10岁的孩子竟然说出这样的话，妈妈气得打了孩子，自己则大哭了一场。从那以后妈妈总觉得女儿的眼神里充满讽刺和鄙视，母女关系越来越紧张。其实这个妈妈才是可怜的人，为了好好照顾两个孩子，不得不放弃自己的事业，到头来还要被孩子误解。

绷紧心弦走在“生活”这条钢丝上的父母，内心的脆弱经常在孩子不假思索的话语中显露出来。当感到自己被孩子“鄙视”的时候，拒绝接受，继而对孩子愤怒指责，甚至惩罚，都是父母自我防御的手段。

可是父母身上承担着孩子的未来发展，需要经常跳出感性的旋涡，思考如何回应孩子的不理解和不接受。所谓父母的修行，就包括自己偷偷拔除那些隐藏在内心深处的刺。这些刺其实不是孩子扎进去的，而是早就埋藏在自己心底的。

“三看”解锁法

亲子“鄙视链”可以形成，也可以拆解。具体方法如下：

第一，看懂“鄙视链”的潜在价值。

虽然孩子长大了必然会有自己的想法，和父母之间的代沟也是必然存在的客观事实，但是总有一些父母并不在乎孩子的看法，要么忽略，要么敷衍，更有甚者会呵斥、批评，甚至责打。在这样的家庭中，孩子的成长环境会非常糟糕。

家庭教育理念正确、方法科学的父母，会认真对待孩子的质疑和批评，会对孩子的不同想法感到好奇。如果弄明白了孩子的意见，并且觉得合理，父母会欣然接受，还会表示感谢。即使孩子说得不对，父母也会肯定他们能有自己的想法，并且勇敢表达。能够做到这一点的父母，就已经获得了拆解“鄙视链”的法宝！

我遇到过很多家境艰难的孩子，有自卑的、有抱怨的，甚至有自我放弃的，他们很容易复制父母的生活状态。当然也有非常懂事的，知道如何做才能从根本上改变家境，小小年纪便背负压力，奋力前行。但很明显，这样的孩子承受了他们本不该承受的辛苦，不见得是好事。

如果亲子之间相互理解、共同努力，那么不管物质条件怎样，孩子的精神世界都会很丰富。如果代际差异太大，亲子之间不理解，甚至相互不满和伤害，对孩子和整个家庭来讲，都是雪上加霜。对孩子不仅要扶“智”，更要扶“志”。拥有一个踏实、努力、有志气、有担当的孩子，其实是父母非常大的幸运。

第二，看清“鄙视链”的本质。

“鄙视链”有真有假，父母首先要搞清楚问题的性质，才好有效拆解。

如果孩子的“鄙视”仅仅是针对具体情境和事件的点状性不同意见，或者只是一种情绪性的表达，属于假性鄙视链。要么是因为家庭气氛太民主，孩子和父母说话过于随意；要么是孩子欠缺沟通能力，和父母交流的时候用词、语气或者场合不适当。

如果孩子对父母的想法、做法、为人处世的原则和风格大面积否定，就是真正意义的鄙视了。这种杀伤力很强，孩子的情绪反应反而并不明显。真性“鄙视链”的形成原因比较复杂，不仅仅是因为孩子不断长大成熟，父母自身也存在一定的问题，是很多难以调和的矛盾长久累积所致。

拆解假性“鄙视链”难度不大，需要对孩子进行表达方式上的指导，并保证充分沟通。如果孩子对父母存在真正的鄙视，首先需要父母有勇气面对，然后是积极反思，理性判断和主动调整。父母无法改变的部分，或者孩子难以理解的部分，父母在处理的时候尽可能地管理好自己的情绪，不要增加新问题。

成功拆解的“鄙视链”的难度越大，对孩子以及整个家庭生活的影响就越深远。

第三，看到拆解“鄙视链”的诚意。

亲子冲突严重到影响了孩子的学业和健康的时候，父母压力会很大。如果能够进行自我反思，也愿意积极改变，但效果并不好的话，很可能是因为孩子觉得父母的改变缺乏诚意。如果父母只是为了暂缓矛盾冲突，让孩子赶紧听话才改变，就算有效果也是短期的，孩子的问题会变得更多。

父母以长辈自居，总是给孩子提要求，让他们改正缺点和错误，其实父母也有责任和义务听听孩子的意见，并努力改掉自己不当的想法和做法。有错就改的良好习惯更需要言传身教。成年人的积习哪怕再难改，在孩子面前也尽可能改变一下，肯改至少代表态度端正。哪怕是表面上的改变也要尽量坚持，假以时日个人的陋习便会发生根本转变。很多大人感叹，自己顽固的恶习最终是因为孩子改掉的。

这里要提醒父母们，尤其是年轻的父母，为了孩子更好地发展和成长，要努力成为更好的自己。父母一方面尽可能身体力行，养成良好习惯，展示良好品质；另一方面要经常请孩子提意见，做到从谏如流。

有时候孩子的要求父母真的做不到，态度上至少要坦诚和认真。孩子们对父母的不满，首先关注的是态度，只要父母有诚意听也很想改变，即使做不到孩子也不会太怨责。孩子最讨厌的是父母不接受合理的意见，甚至对孩子的看法极不尊重。

亲子之间沟通不顺畅、关系不融洽、观念不一致导致的根深蒂固的“鄙视链”，是吸食家庭幸福美好和孩子身心健康的“黑洞”，一定要做好预防，打好阻击战。

怎样才是为孩子做长远打算

每个人都要经历从小到大的成长和变化，有从柔弱到强大的；有从叛逆、放任到可信赖、敢担当的；有从胆小隐忍、畏缩退让到勇敢向前、有力量保护自己和挚爱之人的；也有因为无法面对失败和挫折，从积极热情变成逃避放弃的；还有因为渴望被肯定和被看重，由简单、善良变得不择手段、阴狠歹毒的。

孩子不同的发展道路以及命运更迭，均与父母打造的家庭环境密不可分。

父母之爱子，则为之计深远

“父母之爱子，则为之计深远”这句话出自刘向的《战国策·触龙说赵太后》，意思是真正爱孩子的父母，会为他们做长远的打算。尽己所能为孩子的成长创造条件，为孩子的未来尽心储备、铺平道路，是中国式父母之爱的常见模式。

对孩子的关注、期待和渴望，是万千父母努力工作和认真生活的强大动力。为人父母者如何理解父母之爱，怎样表达对孩子的深情与期望，是能否真正做到“计深远”的重要因素。

全力奋战的二胎妈妈

我的朋友小恩是两个孩子的妈妈，她和丈夫工作都很忙，一直有爷爷奶奶帮忙，生活才能运转。小恩的两个孩子相差 4 岁，大一点的孩子读小学二年级，小点的孩子上幼儿园。我每次见到她，她都是很忙乱的样子，还没跟我说上两句话就赶紧跑走了。工作之余还要围着孩子转，看着就很热闹。

假期里我们终于有时间见面聊天了，3个小时里全是在听她“吐槽”。原本那个重视生活质量、服饰讲究、妆容精致、神采奕奕的小恩“消失殆尽”，眼前是一个满腹牢骚、疲惫的中年女性。我不禁感叹，孩子的确是改变父母的最大力量。

小恩的生活跟很多家有二孩的父母一样，原以为只是多带一个孩子而已。自己已经有了丰富的带娃经验，还有老人帮忙，问题不会太大，没想到竟然如此耗费心神。她要接送孩子上学，加上各种课外班，还要时不时出门“遛娃”。在家要顾及老人的感受，再烦也要克制情绪，工作也不能耽搁，身心超负荷的程度可想而知。

我问她这么累是不是因为生了第二个孩子后劳动量翻倍。她想了想说并不是，多干点活没什么，真正的原因是，老大上学以后，她需要操心的越来越多了。早几年孩子还小，不觉得教育有多难，老大上学之后才发现除了功课和作业，孩子要学习的东西越来越多。而她认为，作为家长的自己无论如何都要为孩子的将来打算，不能忽视任何一个帮助孩子成长的机会，导致她身心疲惫。

小恩说周围的朋友和同事都是如此，希望孩子努力学习的同时能多才多艺，尤其是女孩子，才艺多、成绩好，将来才有竞争力。小恩认为老大在很多方面起步都晚了，所以必须吸取教训，结果就是，老二比老大小时候多上了很多课外班。

小恩夫妻俩都是独生子女，两个人工作稳定，加上有双方父母支持，以前没认真计算过钱该怎么用，消费也很随性，但现在绝对不行，一切都要计划和节制。两个孩子的消费数额惊人，如果不是双方老人支持，夫妻俩“月光”都不够。再说还要为孩子的未来打算，既要攒钱买房子，又要做投资，搞得两人捉襟见肘。

最令小恩气愤的是，自己苦心经营加拼命付出，丈夫和公婆都不领情。丈夫认为没有必要给孩子补习那么多课，弄得大人孩子都很疲惫，还耽误自己投资理财。公婆更在乎孙女们的衣食住行，怪她把孩子弄得太累，如果孩子生病就更要埋怨她。孩子也受到影响，连才几岁大的小女儿在不想去上课的时候都敢和妈妈顶嘴。

小恩认为丈夫就是推卸责任，他自己懒惰怕累，都是公婆给惯的。孩子的未来还是要靠她这个当妈的，所以绝对不能让步。小恩说到这的时候挺直腰板，疲惫的脸上神情严肃，眼神坚定，看得出来她“鸡娃”的观念根深蒂固。我看着这个不到 40 岁的女人，满眼的沧桑，浑身的使命感加悲壮感，不由得暗暗叹息。

“计深远”与“近视眼”

小恩说要为孩子的未来做打算，不能只关注功课，还要培养孩子的才艺，这种想法没错，是所谓“计深远”。可是现实生活中，很多父母并没有真正理解“计深远”的内涵，包括小恩在内，他们心里的“远”只是个美好期待，行动上更像是“近视眼”。

“近视眼”父母只关注孩子的当下，特别关注孩子的考试分数和名次。关于孩子的学习内容和时间，首先是围绕着考试学科，其他的都往后排。至于孩子喜欢干的事情，都是没有真正用处的“闲事”，所以可以随意挤占和取消。如果孩子的学成绩好，父母也许还允许他们学点儿其他的知识技能，认为这样叫锦上添花。如果成绩不好，那么除去学习任务之外的活动都是不学无术，自然会被禁止。

小学阶段，很多父母支持孩子发展各种才艺，也能尊重孩子的各种兴趣。进入初中之后，课业难度增加、中考竞争激烈，很多家庭会禁止孩子发展除升学需要之外的兴趣爱好。只要不是考试科目，或者对升学没有帮助，就不能耗费时间和精力。孩子的闲暇时间只要不是写作业、做课外题，就会被定义为“玩耍”，这些现象都很常见。

孩子的很多兴趣爱好的确都是玩耍，但是玩出大名堂的人比比皆是，好奇心是创造力的核心。真正会学习的孩子其实都很会玩，“会玩”是一项非常重要的能力，有补充能量、消除疲劳的神奇功效。玩物丧志不是“玩”本身有问题，而是内容和程度把控不好，导致本末倒置。

只会学习的孩子也许可以收获相对较好的学习成绩，但在人际交往、社会适应，以及挫折应对等方面都很可能存在缺欠，迟早会因此付出代价，也许比学习成绩差的结果更加可怕。学业的“计深远”，并非只关注当下的重点学科，学习态度和习惯的培养，思维方式和学习方法的训练都很重要。

越是低龄的孩子，阅读习惯、表达能力、搜集知识信息能力、分析问题与解决问题能力等基本素质的培养越是重要。中考、高考改革的不断推进，都在提醒父母们该改变培养思路了，要尊重孩子的成长规律。

如何“计”才能深远

父母对孩子的“计深远”，首先是观念的问题，然后才是策略和方法。

第一，品行培养是首要任务。

聪明伶俐、能力强，是孩子身上难得的优势，可是用不好的话会成为“致命伤”。缺了人格健全、人品端正这个前提，孩子越聪明越会害人害己。很多聪慧好学、多才多艺甚至长相气质均不错的优秀孩子发展得并不顺畅，甚至会出现大问题，这种大多是因为品质和德行不够。小时候绕膝欢笑的孩子长大后失去光芒，甚至一步步走向歧途，是最令父母心碎的结果。

在生活环境好，各方面条件有利，安全感充足的时候，父母引导孩子做善良友好、正直可信的人，感觉相对容易。但父母的培养是不是成功，在孩子进入艰难处境，面对挫败和困境的时候更能检验。所以越是家境好、表现好的孩子，越需要适当地进行挫折教育。

很多自带困境、成长艰难的孩子，比如家境穷困或是家庭结构有问题，亲情残缺，或是有身体疾患，这类孩子要想具备品行端正、勤奋努力这些优良品质更加不容易。身处逆境却充满正能量的孩子，能得到更多的认可甚至尊敬，在艰难的成长和发展过程中能够获得更多支持和帮助，一样可以创造有尊严、有价值的人生。

一个人输掉人生多是因为品行问题，这些朴素的人生哲理其实父母都懂，例证也比比皆是。之所以做得不够好，要么是父母没有掌握孩子品行形成的规律和培养的要点，要么是过于重视眼下的学习问题，犯了“短视”甚至“近视”的毛病。

“玩耍”之所以重要，不单因为其是培养孩子的特长才艺所需，还因为其是发现和培养孩子品行的重要途径。孩子在玩时候，更容易暴露品行方面的问题。孩子对游戏规则的认知和执行，就是培养品行的重要课程。

第二，身心健康比学习成绩更重要。

年轻父母带孩子的时候常常与祖辈有矛盾，多是因为两代人投放到孩子身上的感情不同，或者表达喜爱的方式有差异。“隔代亲”显得更加感性，祖父母更重视孩子的舒适度，爱的表达多是现在时；父母们要更理性一些，重视孩子将来的竞争力，爱的表达更多是未来时。

小恩与家人的主要矛盾也在于此，爷爷奶奶认为她给孩子安排的学习内容太多，影响身体健康。孩子的爸爸是“猪队友”，他认为童年时期没有什么比自由自在地玩耍更有意义，自己没时间管孩子是因为想多赚钱，让孩子能活得轻松自在一些。

小恩觉得公婆年纪大了，想问题难免愚钝，丈夫的想法不但天真，还有推卸责任的嫌疑。时代不同了，一切都在变化，竞争也越来越激烈。小恩觉得孩子小时候必须努力学习，拥有更多优势，将来才有能力去玩。

家人的出发点都是希望孩子好，这点没有差别。生活中的很多问题没有绝对的对与错，矛盾常常是大家的观念和方法不同导致的。为孩子做长远打算，身心健康必须放在学习成绩的前面，这个道理大人们都懂，只不过不同的人在执行的时候差异很大。

小恩一家的看法都有道理，过分强调某个方面就不合适了。给孩子安排课外学习的内容，补习也好，学习其他内容也好，一定要考虑孩子的承受力。无论是孩子的体能还是心能，都有相应的承载量，拔苗助长、疲劳战术都不会有好结果。相较而言，小恩的问题比较大，需要调整一下才行。唯有大人们观念一致，同心协力，孩子们才能更好地成长。

第三，培养孩子的生存能力。

孩子小时候有父母家人的庇护，生活在宽广的羽翼之下，遇到问题总有大人帮助解决。现在每个家庭的孩子都较少，常常是好几个大人管一两个孩子。加上生活水平不断提高，孩子生存能力的培养早已是家庭教育中的短板。

为孩子“计深远”的父母经常是自己更加勤奋努力，想要为孩子的终身谋划好、准备好。事实上父母是否真正做到为孩子“计深远”，与自己读过多少书、赚了多少钱、事业多么成功都没有必然关系。

父母为孩子做的，并非只是能够搭建多高、多好的发展平台，而是帮助孩子了解世界，认识自己，找到他们的未来坐标，从而实现人生价值。

享得了福，也要吃得了苦；优秀的时候不自大，落后的时候不气馁；登至高峰可以平和自持，落入低谷依然乐观积极……这些良好品质的重要意义不言而喻。优良品质只能从孩子们亲身体验挫折、独自战胜困难的过程中得来。

为孩子“计深远”的父母，首先自己的价值观和人生观要是正向积极的。

“计深远”也只是“计”，未来不可知，风险无处不在，父母对孩子既要心怀美好愿望，也要不怕他们遇到挫折。

父母为孩子的未来做好必要的计划和准备就行，不要强加太多东西，即使最终不能如愿，也不会后悔和遗憾。

别让期待成为伤害孩子的利器

我闲时浏览微信朋友圈的时候，被一组小宝宝的图片吸引，看了好长时间。这是宝宝周岁生日宴，一大群人围着看孩子“抓周”，爸爸拿着一顶博士帽逗着，孩子却将手抓向别处。即使拍摄技术普通，一大家子的喜庆氛围依然透过屏幕洋溢开来。

小生命降临到一个家庭，承载着家人的各种美好祝福，这个时候基本没人会想到，这些围绕在孩子身畔的人间温情，会慢慢转化成没完没了的期待，甚至可能有一天会变成刺伤孩子的“冷兵器”。

“别人家的孩子”要辍学

女孩小慧是典型的“别人家的孩子”，考入重点高中的尖子班，音乐、美术、文学都很擅长，运动会也能拿高分，并且性情温和亲切，人缘也很好，堪称“完美”的孩子。在听说她拒绝上学的时候，老师和同学都很吃惊：“这怎么可能！”

高二分文理班后的第一次考试刚结束，小慧便跑来找我，刚打了声招呼就开始哭。她觉得自己考得很糟糕，感到很绝望，打算不上学了。我帮她稳定了一下情绪，依据以往的工作经验慢慢分析成绩不好的合理原因，也许是刚分班不适应，或者考试题目偏难，再说卷子还没有批改呢，结果怎样还是未知数。还可能是学习焦虑度太高，才出现不想上学的冲动想法。

小慧渐渐平静下来，说不用看分数，成绩肯定会退步。她对自己的学习非常了解，虽然中考考上理科尖子班，但是她文科成绩更好。高一的时候文理全考，勉强能保持领先，高二只剩理科了，成绩肯定会下降一截。高考科目选择的时候父母不让小慧选文科，选理科成绩下降太多他们也不会接受。反正累死也考不到原来的名次，小慧说干脆放弃算了。

小姑娘越说情绪越稳定，这反而更让人担心。这孩子明显不是一时冲动说要停止上学的，她好像是在等待这个时机，我的感受很快就被证实了。小慧说不上学是迟早的事情，升入高中后苦不堪言，再也无法像以前那样一直领先，爸爸妈妈的表情很少有轻松的时候。

大概从初二开始，小慧的脑海里就时不时地蹦出来逃离学校的想法，甚至想离家出走。她说自己从小就锻炼出超强的控制能力，即使好朋友也不知道自己的真实想法，更别说父母和老师了。她经常命令自己坚持下去，不能逃跑，可这种坚持总是很快瓦解，特别烦躁的时候就拼命掐自己上臂内侧或者大腿。

小慧说这次考试会是史无前例的大退步，也是完全放弃学习的好时机。她来找我并不是要请老师帮忙调整心态，而是希望有个人知道自己的真实想法。

爸妈是“别人家的父母”

我问小慧，自己的这些感受和想法爸爸妈妈是否了解。她说自己早就知道沟通很重要，但是和父母根本讲不通，或者说根本没有机会讲。爸爸和妈妈都是学业、事业成功的人，平常工作特别忙，找小慧说话的时候基本都是对她不满意的时候，因此小慧宁肯父母不理自己。

“我从不觉得自己是别人家的孩子，但我爸妈肯定是别人家的父母。”这是小慧的话。

小慧有让人羡慕的家庭条件，家族里学霸云集，父母都是名校毕业的博士，爸爸是高级工程师，妈妈是主任医师。高一的时候有人物生涯访谈，很多孩子都采访了自己的父母，我印象中那次采访小慧没有提到父母的职业，而是采访了退休很多年的奶奶。

父母同学、朋友的孩子中，自家的亲戚里，很多哥哥姐姐都毕业于名牌大学，有的还到世界名校留学。每到重要节日家庭聚会时，年纪最小的小慧总能成为关注的焦点，可以收到来自世界各地的礼物。小慧说自己小时候不懂事，收到礼物就拿出来用，得到很多小伙伴的羡慕。后来她发现这些礼物背后总有各种询问和教诲，让人不舒服，所以很多礼物都不会拆封。

父母的期待之“剑”

孩子优秀是父母的美梦，爸爸妈妈太优秀了，却很可能是孩子的噩梦。

虽然小慧是独生女，但是父母对她的要求一直很严格，所以从来不允许她撒娇，更不能服输。爸爸总说“宝剑锋从磨砺出”，小慧觉得自己的父母就是宝剑，在自己身后挥舞，不停驱使她向前。她说这些话的时候，我的后背都有些发凉。

周围有很多优秀的人，小慧从受到鼓舞到很有压力，再到十分紧张，越努力越自卑。她感觉自己没有父母那么聪明，更别提那些“学神”级别的哥哥姐姐了，自己能获得现在的学习成绩已是尽了全力，可爸爸妈妈认为还远远不够。

小慧学过舞蹈、书法、游泳、钢琴等很多技能，每学一样就要考级或者参加比赛。小时候每取得一个好成绩都想得到父母的肯定，但是每一次得到的都是一个更高的要求，无穷无尽。爸爸认为表扬没意义，况且一点成绩也不值得表扬，因为他觉得和同龄人比，无论是基因还是环境，小慧都很占优势，本该做得更好。

父母的认可一般就是点点头，虽然在亲朋面前有时也会夸奖小慧两句，但那不过是出于礼貌敷衍一下。“有你们这样优秀的爸妈，孩子肯定差不了。”每当有人这么说，小慧就感觉惭愧，好像很给父母丢脸。渐渐的，小慧习惯了凡事都要竭尽全力，不指望父母满意，又很怕他们不满意。

“虐待”的另外一种形式

小慧竭尽全力拒绝上学，怎么给她做思想工作都不行。孩子不肯上学，是学校的一件大事，更是家里的一件大事。虽然父母都是“高知”，妈妈还是医生，但当孩子出现严重问题时，他们一样会慌乱。几经周折，我终于见到小慧的父母，母亲很焦虑，父亲很愤怒，话都不多，沟通难度比较大。

小慧父母首先要确定孩子有没有患心理疾病，是不是抑郁症之类的，有病就去治。妈妈说自己也是学医的，感觉孩子更像是态度问题。爸爸说如果小慧没病，学校更要抓紧给孩子做心理辅导，让她赶紧回去上学，别用这种方式当学习下降的挡箭牌。爸爸说话声音不大，但语气上不容反驳。

父母的目的很明确，就是让孩子赶紧回学校上学，有什么事情再慢慢说，即使有病也不至于耽误学习。父母认为小慧的想法和行为很不可思议，家里给孩子提供了非常好的学习条件，孩子也愿意学习，一直都很努力，一次考不好就辍学，也太奇怪了。追求卓越一直是父母的人生信条，怎么就成了孩子放弃学业的理由了。

有时候文化素质越高的人，转变自身的观念反而越不容易。小慧的辍学事件在持续了一段时间后，她的情绪和身体的不良症状逐渐表现出来，父母终于认识到孩子的问题很严重。最后小慧因为需要接受心理医生的治疗，办理了休学。

父母对孩子长期的过高期待，很可能产生和精神虐待同样的效果。

“冷兵器”与“新能源”

父母的期待是推动孩子行为的内在力量，也就是父母从自己的角度出发，对孩子未来某个角度或者整体状态的预测，也叫作“信念价值动机”。期待是把双刃剑，过高的期待很像“冷兵器”，只有适当的期待才是“新能源”。

家庭是凝聚力很强的、特殊的社会心理群体，父母对子女的成长倾注了极大的关心和爱护，子女对父母满怀依恋和信任感，在这样的家庭中，父母的期望才会成为子女努力上进的强大激励力量。父母期待的基础是自身的三观，这反映了他们基本的教育观念，决定着教育子女的态度与方式，也会直接影响亲子关系。

新能源似的期待不仅仅是父母的想法，也会被孩子理解和接受，而且还有可能实现。违背成长规律和客观情况，无休无止的“冷兵器”似的期望，只能给孩子带来沉重的心理压力，要么成为拦路的荆棘，要么变成孩子与父母渐行渐远的根本原因。

给孩子更好的期待

第一，父母需要全面了解孩子的能力水平和倾向性。

能力与先天遗传因素密切相关，但是父母具备的能力孩子未必就会继承，虽然青出于蓝，但是青与蓝完全不同。

能力包括一般能力和特殊能力，一般能力指的是智力，是影响学习成绩的重要因素。“只要努力就会进步”可以用来鼓励孩子不能轻易放弃，但必须承认只有努力未必就会成绩优异，尤其是对于有难度的学习任务而言。

特殊能力指的是音乐、美术、运动等其他方面的能力，容易被家长忽略，其实孩子将来的事业发展，很大程度上要依靠这些特殊能力。特殊能力的发展规律有其独特性，孩子小的时候不容易发现，能力强的表现也不像考试成绩那么直观，父母常常不了解，这也是培养不当的原因之一。

第二，要了解孩子的兴趣爱好。

做自己喜欢做的事情才会有充足的、长久的动力，父母对孩子的发展期待一定要结合他们的兴趣和爱好。对于孩子的兴趣爱好，父母需要尊重和接纳，轻视和否定会大大降低孩子追求进步的积极性与主动性。

全面发展不应该只是一句口号，尤其是中小学阶段，父母一定要给孩子一些自由发展的空间，让他们有机会探索和确认自己的兴趣爱好。长久的兴趣爱好一定与潜能直接相关。父母要尽量帮助孩子创造一些开发潜能的机会，不要白白浪费了天赋。

兴趣和爱好也是可以培养的。如果父母觉得掌握哪个方面的知识技能很有意义，但是年幼的孩子并不了解或者缺乏兴趣，可以引导，甚至“诱导”，最好不要强制。父母要尊重和接纳孩子的不喜欢，然后再想办法让他们愿意学习，很可能学着学着就喜欢了。

第三，也是最重要的一点，家长要持有科学的成才观。

对于什么是成功，怎样才叫优秀，父母必须持有客观的看法。不但家长要客观理性，还要帮助孩子领悟。无论做什么，只要孩子能够尽力就值得肯定。在自己选定的发展角度，能够达到力所能及的水平，就是人生价值的最好体现。

父母对孩子的期待过于自我和理想化，脱离孩子本身的愿望和能力，是造成亲子矛盾冲突的首要因素。父母给孩子的好吃好穿好条件，会成为“冷兵器”的华丽包装。孩子内心已经伤痕累累，父母却浑然不知，甚至还理直气壮、扬扬得意，这是非常可悲的事情。

畅销书《无声告白》里有这样一句流传广泛的话：我们终其一生，就是要努力摆脱他人的期待，找到真正的自己。如果父母以爱结成期待之网，遏制住了孩子前行的脚步，孩子长大以后会丧失主动探索和积极生活的力量。

很多父母在年少的时候，也在原生家庭的期待之网中挣扎过，因为内心足够顽强，得以伫立在生活的波涛汹涌之中。即便如此，当他们在回想过往时，心底那些曾经的迷惘和悲伤，也很难完全消散。所以父母千万不要把自己受过的伤害，再复制给孩子。

让孩子学会分辨哪些事情要求助别人

互联网时代的热点事件，升温急，降温快，但是从一闪而过的生活片段中引发的思考，可以穿过时间浪潮，沉淀在无数人的脑海。

律师求助事件

曾经有个网络热点事件，一位爸爸带孩子坐火车，只买到上铺，在调换下铺的过程中先是遭到拒绝，后来又得到帮助。他是一名律师，旅程结束后很有感触，在网上发布了一篇文章，真诚感谢那个帮助自己的人，同时对有能力却拒绝帮助别人的现象表示遗憾，感觉就是以委婉的方式进行了批评。

这篇网文留言众多，迅速成为当时的热点事件，网友们展开广泛讨论，像规则与道德之间的关系，社会发展与文明进程等方面的问题，都是争论的话题。也有网友直接批评律师本人，认为以他自己的实力能够选择的出行方式有很多，自己的能力完全可以解决的问题，为什么非要别人帮忙。律师一定没想到，自己这篇类似旅行见闻的短文竟然受到这么多关注，甚至把他自己推到风口浪尖上。

于是争论方向转向了道德培养、道德绑架、教育孩子乐于助人是不是需要考虑前提，等等。很多人赞同两个观点：一是不能说只要一个人遇到困难，提出求助，就应该得到帮助，要看求助者自身的能力；二是如果求助是以别人的不方便来满足自己的方便，是非常自私的行为。

不同的人对同一个社会事件，关注的角度、持有的看法会有差异，很多时候难以确定孰是孰非。乐于助人是重要的好品质，是道德养成教育中的重要内容，但是父母对于孩子的求助指导相对欠缺。

在这个关于“求助”的网络大讨论中，有一个很值得父母思考的角度，就是如何界定合理求助与麻烦别人。弄明白这一点，才能更好地指导孩子们。

会求助的孩子更强大

课间的时候，小志跑来我这里预约心理辅导，心理中心距离教学区比较远，课间休息不到10分钟，小志跑得满头大汗，气喘吁吁的。为了方便孩子们预约辅导时间，我有专门的电话号码，也有QQ号码，发个信息就可以，我问他为什么特地跑来约时间。

原来小志的手机被妈妈管理着，他说要预约心理辅导，妈妈没同意。妈妈说他矫情，没什么事找心理老师干什么，而且已经上高中了，时间很紧，男孩子更应该坚强独立，问题都应该自己解决。我更加好奇了，问他怎么没听妈妈的话，他摸摸自己的头，腼腆地笑着，说独立的孩子就不能什么都听妈妈的话。他这个回答简直太可爱了！

小志是心理很健康的孩子，为他提供的是常规的新生适应性心理辅导，没什么特别的地方，却给我留下很深的印象，感触也很多。小志毕业于一所边远初中，他们学校里只有几个孩子考进重点高中。刚开学他就感觉到学习难度大，自己基础相对薄弱，听课跟不上进度。他来找我的目的是想要了解高中的学习方法，并找到自身的问题和能够及时改进的方法。我特别喜欢小志这种心性的孩子，立刻决定做他的学业发展伙伴。

小志和我很亲近，只要有空闲的时候就来心理中心帮忙做些事情，顺便和我聊聊天，我逐渐了解到他的更多情况。小志家住在市郊，爸爸一直在外地打工，妈妈在家附近的集市做点小生意。小志的父母书读得少，但是很要强，对孩子管理严格。虽然小志是独生子，家人却从来不娇惯他，只要是能自己做的事情父母从不帮忙。

小志的爸爸妈妈自尊心很强，很少接受别人的帮助。他们依靠自己的力量在大城市生活下去，主要是为了能给孩子更好的教育环境。小志说很少见到爸爸妈妈找人帮忙，妈妈自己的小店里，进货之类的体力活，都是妈妈带着小志干。偶尔见到妈妈去求人，都是和小志上学或者学习有关的事情。

生活不易的家庭，孩子很可能更懂事，小志慢慢长大了，就开始自己想办法解决问题。

小志认为万事不求人不一定对，该找人帮忙还是要找，但是要有感谢和回报。找到合适的人帮忙也属于独立解决问题，反正尽量不让父母为难就好。小志说无论是学习方面还是生活方面，老师给自己的帮助最多，他没有花钱上过补习班，学习难题都是老师们帮助解决的。小志回报老师的方法是认真学习，积极参与集体活动，以及帮助同学和老师做一些他力所能及的事情。

这个孩子的可贵之处，是能够理解父母的想法，并包容和接纳父母的做法，哪怕是有自相矛盾的地方。比如妈妈要求他独立，自己的问题自己解决，但是又要替他管理手机。很多孩子会因为父母管制手机而愤愤不平，往往会据理力争甚至奋力反抗。小志认为妈妈的想法和做法都很正常，因为手机和网络对人影响太大，非常挑战意志力，初三刚开始的时候，小志有过一段过度使用手机的经历。

小志认为没必要非让父母改变看法，在他们不理解自己的时候，自己很少去过多解释或者争辩，先解决问题再说，事实胜于雄辩。这些都是小志在长大过程中自己总结的经验，他经常和老师们交流，也爱看书和思考，见识和心胸比很多大人还宽阔。

求助力的核心是眼力

小志的妈妈认为孩子应该独立这一点并没有错，自主性与独立性是评价一个人心理健康水平的重要标准，也是孩子心理成长的关键目标。然而坚强独立与主动求助并不矛盾，就像小志说的那样，找人帮忙解决问题，也是独立性的组成。人生是一个漫长的旅程，没有人可以一帆风顺，遇到困难和挫折是再正常不过的事情。孩子遇到困难的时候懂得求助，其实是非常重要的生存能力。

在训练和培养孩子独立性的时候，父母很容易走极端，要么根本不注重培养，要么用力过度。比如有的父母无微不至地照顾孩子，铸成孩子的依赖型人格；有的父母不顾孩子自身素质，全方位训练孩子，希望孩子最好成为遥遥领先，所向披靡的“小超人”。

很多父母不认为求助算多大的能力，不就是遇到困难找人帮忙吗，这有啥不会的，还需要教吗。事实上凡是称之为“能力”的，都没有那么简单。求助力包含很多技术环节，比如什么时候可以求助，向什么人求助，找人帮什么忙，每一步都非常重要。

求助力的基础能力，是孩子对人和事件的觉察能力与评估能力，包括评估自己面临的问题的难度，对自身能力水平的预判，还有对于什么样的人可以求助的鉴别。每一个环节都需要父母先考虑清楚，确定自己给孩子的引导和教育是适宜的。

要培养孩子求助时的“眼力”，确定什么人可以信任，遇到某种困难的时候可以找谁帮忙，这关乎孩子的身心安全。随着互联网普及，生活中已经无法离开手机和网络，孩子们也是如此。网络上的安全陷阱很多，如果孩子没有足够的防范意识和鉴别能力，在网络社交中盲目信任陌生人，向危险的人求助，后果很可怕。

这样看来，求助力果然是需要培养的。很多事情的成败都在细节，教育孩子也是如此。“在家靠父母，在外靠朋友”，真正会求助的人比独自面对学习、生活与工作的人，力量更加强大，生活也更容易幸福。

求助行动中也有“狼来了”

在出现心理问题的孩子身上，我们会发现一些共性特点，“过度求助”就是其中一个。这样的孩子过于关注自己的感受，习惯归外因，界限不清晰。换一句话讲就是，他们遇到问题容易从外部找原因，解决问题也习惯依赖外部力量，认为别人的支持和帮助是理所当然的，一旦遭到拒绝就难以承受，由此引发各种心理和行为问题。

“狼来了”的故事家喻户晓，常常用来教育孩子要诚实，如果滥用别人的关心与爱护，当真正身处险境的时候反而无人理会。过度求助与说谎逗乐的恶劣行为相比虽然好一些，但是频次太高，持续太久，结果都差不多，在自己确实需要帮助的时候反而得不到帮助。

大人和孩子都要知道，学会求助的前提是首先要确定什么样的事情需要求助，怎样的“帮”就是“助”，也就是学会适度依赖。所谓适度依赖，是指处在以个人的力量和资源无法解决的问题情境中时，向适当的人寻求帮助的主动意识和能力。

依赖本身没有错，关键是要与年龄、身份，以及具体情境相匹配。“适度”说起来容易，操作起来却很有难度，所以需要父母们既要掌握孩子的身心发展规律，还要注意孩子的独特性。做一个会教育孩子的爸爸妈妈，可没那么容易。

比如幼儿园和小学低年级常见的“爱告状”的孩子，告状是孩子向大人求助的主要方式，因为他们年龄小，不懂事，大家都能接受和理解，被告状的孩子也很少会真正在意，对伙伴关系影响不大。孩子的年龄稍大一些，差不多在小学三四年级以后。如果依然频繁使用投诉的方式解决问题，会被同龄人厌恶甚至排斥，也会充分暴露出自己的软弱可欺，反而容易增加新的伤害。

对孩子过于关注和宠爱的父母，不知不觉地就会助长孩子的依赖性。孩子但凡遇到点儿困难就要求别人帮助，很多事情自己都不能做决定，在生活中需要很多人当“扶手”，迟早会出问题。一点小事都要求助，不肯吃亏，有点“公主病”或者“王子症”，会令周围的人反感。如果人际关系不好，那么获得帮助的可能性肯定会大大降低。

求助力的补充训练 1

小妍是个长相可爱的女孩，性格开朗，对人热情，做事情也积极，就是被人拒绝后脾气比较大，包括她要给别人帮忙，对方表示不需要的时候也会发脾气，同学们说她是“公主病”。升入小学三年级后换了一个班主任，不像之前的老师那么了解她、迁就她了。小妍情绪越来越暴躁，回到家里也常常发火，说不想去上学。

小妍从小住在外婆家里，父母不经常在身边，家里人对她有求必应。从上幼儿园开始，小妍就经常因为别人的拒绝而闹脾气，经常抱怨小朋友不理睬她或者老师不喜欢她，时不时不肯去幼儿园。小姑娘的口头禅是“凭什么不帮我”“为什么不听我的”。

家里人知道孩子脾气大，只是尽可能劝慰，尽量让她如愿，或者用替代的方式补偿，转移她的注意力。小宝宝好哄，问题也不大，容易混过去，长大了就不行了，只要说不通就是一场哭闹。以前不去幼儿园没什么影响，现在不肯上学事情可就大了。父母很着急，赶紧四处找人帮忙，给孩子做心理辅导。其实小妍的父母最应该做的是家庭教育咨询，因为孩子的问题主要都出在大人身上。

从孩子懂事起，父母就要有意识地引导孩子懂得一些基本的道理。比如遇到问题和困难，寻求帮助是正常的，但是别人不帮也很正常，即使是家里人的帮助，也不是理所当然的。爱帮助人是好品质，但是强加给别人帮助，还不许对方拒绝，就很不好了。

小妍最缺少的，是关于求助和拒绝的心理成长课。很多父母认为照顾孩子天经地义，再说都是一家人，无所谓麻烦，也不需要感谢，很容易让孩子形成“别人的帮助都是理所当然的”这种不合理的认知。

孩子无论是去幼儿园，还是去上课外班，或者单纯的出去玩，总会有需要帮助的时候。无论是得到帮助还是遭到拒绝，家长都要正确引导。得到帮助要表示感谢，遭到拒绝也要欣然接受才好。

孩子小的时候，父母忽视了这一点，增加的是孩子的未来成长风险。孩子总会长大，也会越来越重视伙伴关系，生活在各种社会群体之中，总有一天会遇到父母无法施以援手的情况，到那时，求助力缺失的孩子可能会出现心理问题和行为问题。

求助力的补充训练 2

求助不是把自己的事情交给别人做，而是一个在别人帮助下的学习过程，学会了就要自己做。自己能做的事情自己做，不仅是一种能力，更是一种美德。社会发展越进步，人的素养越高，越是乐于助人，也越会尽量不给别人添麻烦。

不添麻烦是对别人的时间和精力的尊重。凡是尊重，都是相互的。不添麻烦是一种独立自主的意识，只要是自己可以解决的问题就尽量自己解决。

不添麻烦不是不向别人求助，而是遇到真正需要求助的事情才会麻烦别人。所以通常来讲，对于“不添麻烦”的人，大家并不会忽略，而是更重视他的求助，也会竭尽全力地提供帮助。

乐于助人和不添麻烦并不矛盾，这两者的共通之处是都在为别人考虑。虽然一个是付出，一个是索取，但都会给对方带来好感，得到积极回应。

孩子不能吃一点苦，受不得半点委屈，只是满足了家长对孩子的爱的需要，事实上是自私的爱。这种爱对孩子来说，弊远远大于利。因为这种爱剥夺了孩子获得独立生存能力的机会，也剥夺了他们长大以后爱别人的能力。

“全能型”宝贝

受助、自助、助人，是心理辅导工作的全过程，也是一个孩子完整的能力体系。适当寻求别人的帮助，主动做力所能及的事情，在自己的能力范围内积极帮助别人，这三个方面都具备的孩子，就是“全能”宝贝。

人的社会属性决定了每个人都要生存于群体之中，社会发展越快，文明程度越高，竞争越激烈，越需要孩子们具备全面的能力。

孩子们要学会求助，要能准确判断哪些情况下需要求助，向谁求助比较适合，并且对帮助自己的人怀有感恩之心。

孩子们要学会自助，学会照顾自己和解决问题，并不断提升独立性和责任感，逐步做到自力更生，自行负责。

孩子们要学会助人，在自己具备能力和条件的时候，对需要帮助的人施以援手。

凡是良好的人际关系，都是建立在良性互动的基础之上，乐于助人与合理求助都是充满积极能量的人际互动。

孩子懂得珍视善行，充分体会到人与人之间的尊重和温暖，才能够更好地成长和生活。

孩子的思想藏在书包里

无论是绿春金秋还是寒冬酷暑，校门都是最先热闹起来的地方。从某种意义上讲，学校很像一座巨大的“孩子寄存处”，家长把孩子运送到这里就可以安心去工作，或者做其他的事情。

目送孩子进校园，满眼五颜六色的书包。孩子的书包里具体装着什么，父母们是否真的知道呢？

每个书包都是孩子的小世界，可以装满努力，装满期待，也可能装着伤心，或者病痛。有的小世界五彩斑斓，春风和煦；有的小世界黯淡无光，电闪雷鸣。

如果孩子的书包是空的，父母又该如何是好呢？

背着空书包上学的孩子一定是遇到了很大的难题。去学校上学是孩子的社会功能，孩子不好好上学甚至拒绝去学校，可能是出现了心理问题、得了心理疾病的一个求助信号，或者是积累了很久的负向情绪表达。

书包果真是空的

乍暖还寒的初春时节，北方清晨7点的天空还是暗沉沉的，即使穿着厚实的外套，在户外多待一会儿也还是很冷。到校早的孩子和老师们步伐匆匆，我也是跑着上楼，拿出钥匙刚要打开心理中心的大门，忽然发现走廊尽头的窗边有一个人影，因为光线太暗看不清楚。

这个时间极少会有人来，我有点吃惊，也有点担心，一边轻声问是谁在那里，是不是有什么事情，一边慢慢走过去查看。打开走廊上的灯，我看到了一个女孩，她只穿着单薄的校服外衣，戴着大大的眼镜，灯光下的脸色苍白，看向我的眼神很忧伤。

她是高三学生小莉，寒假前我们谈过一次，当时是因为她的备考状态不好，希望在寒假期间能够调整一下。此时一大早出现在心理中心，是因为她不想去班里，又没有哪里可以去。走进辅导室，我伸手帮她拿下肩头的大书包，本想着她的书包肯定很沉，我就比较用力，结果因为用力过猛差点让自己摔倒。小莉的书包竟然是空的！这种硬壳的大书包外表看不出来装了多少东西，一拿才发现竟然没什么重量。

在这次辅导中，小莉才说出实情，她的问题远比之前找我时要严重得多。升入高三之后，接连不断的考试和每况愈下的成绩压得她喘不过气，自己怎么都调节不过来。上学期一共有 4 次考试，到第 3 次的时候就只考了两门，之后她便经常不想上学。她经常没来由地烦躁，心情特别糟糕，睡眠也很差，休息两天后会感觉好一点。班主任发现小莉的状态不太好，提示她的家长要多关注孩子的身心健康，对孩子要多理解多支持。

父母很痛快地接受了老师的建议，对待小莉的方式也有所改变，不像以前那样总说学习、高考还有考什么大学之类的话题了，可是每次小莉想要休息一天，父母都很不乐意，因为这个，家里没少起冲突。有一次闹得很僵，小莉连续 3

天不肯去学校，爸爸生气地说干脆别去上学，放弃高考算了，妈妈不同意，硬是把小莉送到了学校。后来爸爸不再管她，妈妈嘴里说着理解小莉的感受，然而每次都坚持送她来学校。

小莉知道爸爸说的是气话，自己也不想放弃高考，寒假前还主动约了心理辅导。假期中她尽力调整，下学期开学前两周坚持得还不错，可是慢慢地，那种难受的感觉又出现了。前一天晚上几乎没睡着觉，今天早上小莉觉得很不舒服，说要请一天假，妈妈就是不同意。小莉气得把书本全都倒出来，也没穿外套，背着空书包就出门了。妈妈明明看到小莉倒空了书包，还是坚持把她送进了学校。

书包不如是空的

男孩小旭是被爸爸带着来心理中心的，确切地说是“拎”过来的。小旭和爸爸身材都不高，区别是小旭的身体很瘦弱，爸爸很健壮。从衣着来看，小旭的爸爸是常年从事体力劳动的人。当时爸爸火气很大，眼睛里都是血丝，看着有点吓人，小旭倒是没有表现出害怕，他面无表情，眼睛看着地面。

父子俩来找我是因为小旭不认真学习，不但不完成作业、上课总趴着睡觉，有时连书包都懒得打开。班主任请家长，先是妈妈来过，没什么效果，这次请爸爸来了，结果爸爸在办公室发起火来，差点动手打小旭。班主任劝了半天，建议找一下心理老师，小旭拒绝，被爸爸一路“挟持”过来了。

谈话开始的时候，一直都是爸爸在说话，他情绪激动，表述得也比较混乱。爸爸数落小旭不好好学习，运气好考上重点高中不知道珍惜，要么不带书到学校，要么不看书，还妄想转学、退学。班主任说孩子可能有心理问题，爸爸认为就是揍得轻了。爸爸说话的时候，小旭低着头不吭气，有时候爸爸的手突然指到他面前，他也不躲闪，只是两只手紧紧攥着书包带。

爸爸让小旭自己说，小旭还是不理睬，爸爸突然站起身，一把扯过书包扔到地上，气急败坏地说每天背这么多书有什么用，书包还不如空着呢。我和小旭都吓了一跳，几乎同时站起来。小旭终于开口，说的确应该背着空书包，还省力气，怎么没早点想到。父子大战即刻开启，我赶紧站到中间阻止。

后来我跟小旭和爸爸分别谈话，了解事情的原委，寻找帮助孩子解开心结的角度。其实爸爸说得没错，小旭的书包真不如是空的，这样的话可以更早引起老师和家长的充分重视。半个学期的时间过去了，即使小旭调整好了，开始认真学习，落下的功课也很难补上。

小旭不好好学习的原因比较特别，他一直不想来我们学校读书，虽然是所重点高中，他一点也不稀罕，因为他的好朋友没在这里。因为朋友没考上重点高中，自己就拒绝来上学，这样的事情的确少见，难怪家长和老师都感觉小旭这样做太任性。

奇怪的事情背后必然有不为人知的原因。小旭从小身体瘦弱，很容易被同学欺负，尤其是上初中以后，过得很不开心。每次在外面受欺负，妈妈知道了就是让他躲着点，爸爸则总嫌他不像男孩子，骂他没出息，生气了还要打他。

小旭只有一个好朋友，陪他度过很多艰难的时候，两个男孩说好要报考同一所高中。中考分数出来，小旭刚好过了重点高中线，那个孩子差了一点。小旭打算放弃报考重点高中，和好朋友一起报另一所学校，父母死活不同意。父母许诺小旭先来重点高中试试，如果真的不想读再转学也行。初中老师，甚至他的好朋友也来劝他不要放弃，最后小旭勉强同意了。

高一开学一个多月，小旭觉得特别没意思，虽然不像初中那样经常被同学取笑和排斥，但是班里也没有什么能说话的人。小旭是个被动的孩子，他感觉只有学习好的同学才有人理睬，再加上功课难、作业多，他就更不想待在这里了。小旭跟父母提出转学的想法，不管自己怎么说父母都不同意，小旭闹得厉害了爸爸就打他。后来妈妈也生气了，经常回外婆家去，一连几天不管小旭。转学无望，小旭便开始不学习了，虽然书包沉甸甸的，但书和练习册上都空空如也。

书包里装着什么

孩子从进入幼儿园开始，由小书包到大书包，越来越重的书包背后，凝结着父母的无限期望。虽然孩子们不觉得有什么，但父母回想起来肯定会有很多感慨。在孩子读书的过程中，书包不仅是必需品，而且具有很多象征意义。

随着孩子年龄不断增长，学习任务逐渐加重，孩子们的书包到底承载着什么，在校园中度过怎样的时光，内心到底有哪些感受，很多父母不够了解。当然，也有对这些不感兴趣的父母，他们认为学习是学生的天职，孩子哪有那么多想法。更有甚者，哪怕知道了也和不知道没什么不同，因为在这些父母看来，孩子背着书包去上学是天经地义的事情，不需要理由，孩子如果有很多想法，那就是矫情。

书包里面装着的不仅仅是孩子上学所需的物品，也承载着孩子的情绪和内心活动。如果孩子放下书包拒绝去学校，或者清空了书包拒绝学习，就是拉响了成长的警报。

父母最怕的事情是什么

我在工作中接触过很多有烦恼的家长，发现很多父母最害怕的不是孩子学习成绩不好，也不是不好好听课、写作业，而是孩子不肯上学。所以如果孩子真的不去上学，父母一定会焦虑和担忧，很快就会变得烦躁和愤怒。如果孩子软硬不吃，就是不肯去学校，再强硬的父母也容易妥协。

孩子不肯上学的原因有很多，其中心理问题的占比很高。如果孩子开始找理由不去学校，一定是发生了什么事情。也许是因为需求得不到满足，包括物质的和心理的，比如安全感和归属感不够。也可能是存在比较严重的心理问题。

孩子不肯上学是大事，父母自然想知道原因，但是排在首位的关注点，依然是怎么才能让孩子赶紧先回到学校，哪怕去了也不学习，甚至像小莉那样背着空书包去都行。反正只要看着孩子进了学校，父母就能感到安心。

有些孩子不肯上学，父母在接受了家庭教育指导、做了相应的调整后，孩子的问题得到缓解，可是很快又出现反复，原因就在于父母治标不治本的做法。父母并没有将孩子真正的需要放在心上，一门心思只盯着上学和学习，问题只会越来越严重。

当孩子拒绝上学、父母无计可施的时候，就会想到带孩子做心理辅导或者心理咨询，甚至见心理医生，比如小旭的爸爸。反正只要有人能说服孩子就行，孩子回到学校了就万事大吉。如果是这样的出发点，即使父母知道孩子在想什么，需要什么，也没什么意义，最终结果都一样。

小旭后来还是没能转学，在老师，同学，还有他好朋友的帮助下，终于开始学习了。但功课落下的太多，他也一直不太开心，好在总算坚持到毕业。小旭的高考成绩不如他那个在普通高中读书的好朋友，能完成高中阶段的学习任务，没有彻底脱线，已经算是一个好的结果了。

如果父母忽略了孩子空书包的问题，代价是损伤孩子的健康和学业，甚至是未来的生活。

如何走进孩子的空书包

很多父母对孩子的书包很好奇，总想知道孩子在想什么、做什么，有没有隐藏的秘密，希望能从他们的书包里找到蛛丝马迹。

孩子长大了，书包里装着他们的学习和生活以及成长印记，内容很丰富。

但是，那些空书包里装着的是孩子的烦恼和痛苦，要么是孩子的健康有问题，要么是与他人的关系出了问题，要么是遇到了自己无法走出的困境。绝大多数孩子不肯上学，甚至放弃学习，并不是意气用事、任性妄为，或者懒惰。这个行为背后有多重原因，并且已经积累了较长时间。

父母想要了解孩子书包空了的原因，帮助孩子重新将书包装满和背起，或者预防孩子的书包变空，必须注意两个要点：

第一，需要了解孩子的心理健康状况。

孩子上学状态不好，甚至经常请假，如果没有明确的身体原因，就需要做一下心理疾病的鉴别，尤其是那些之前并没有厌学或者畏难情绪的孩子。比如背着空书包去学校的小莉，她不能坚持上学，不是因为父母以为的考试压力太大、怕累、娇气。比如小莉，她有明显的情绪障碍症状，加上高考压力过大，如果不及时诊断和治疗，后果比考不上好大学要严重得多。

青春期是心理问题和心理障碍的高发期，学习是孩子们的主要活动，内在的问题会以外在的行为变化表达出来，身体的不适也可能是心理原因引发的。孩子的学习状态非正常下降，情绪消极，拒绝上学等等都是重要的信号，父母千万不能忽视。

尤其是一贯用心学习的孩子，不可能仅仅因为懒惰、学坏了、闹别扭或者有早恋的想法等原因而学习懈怠，甚至放弃学业。孩子被人误解已经很受伤了，被诬陷的感觉更加可怕。

如果孩子常常找理由不想上学，要尽早到心理门诊进行鉴别诊断，看看是不是心理疾病，再考虑是做心理咨询、心理辅导还是只做思想工作即可。不能一上来就讲道理，讲不通就批评和惩罚。有些父母很排斥说孩子可能有心理问题，怕孩子拿心理疾病做借口，导致贻误了治疗的最好时机，悔不当初。

有的孩子的确是以心理问题作为理由逃避学习，甚至拒绝上学，这种情况本身就是一种行为问题。与孩子早期的习惯养成、心理品质培养，还有家人的期望等，都有关联。

第二，需要审视家庭结构和亲子关系。

孩子出现的心理和行为问题，大多都与家庭有关，帮助孩子走出成长困境，最大的力量也来自家庭。

比如小旭，在了解到他的内心世界后，会看到一个独自走在成长道路上的可怜的孩子。身材瘦小的男孩子容易被欺负，父母不施以援手也就罢了，还雪上加霜。日常生活中，这并不是少见的现象，孩子缺乏抵抗力，在外面经常吃亏，父母知道后会因为心疼孩子而愤怒，再把自己的怨气也投向孩子。

遇到问题总要想办法解决，一些遭到同龄人排斥甚至欺负的孩子，也许会遇到能够帮助自己或者陪伴自己，给自己一些温暖和力量的小伙伴。这种情感依赖力量是非凡的，可能会成为孩子健康成长的外部资源，但也可能因为孩子不顾一切地维护这种连接，带来更多负面影响。比如小旭，为了和好朋友在一个学校读书，竟然可以放弃自己的学业。

孩子成年之前，就像小花小草一样，根基不稳、能力不足，遇到困难的时候首先需要家人的理解和帮助。换一个角度说，如果孩子出现了心理或者行为问题，主要原因中一定有欠缺家人的关爱和支持这一点。所以孩子的学业发展出现问题的时候，父母要做的第一步就是和孩子充分交流，在理智地自我反思后，再做出适当的选择和决定。

敷衍了事、权宜之计都不能解决问题，比如小旭拒绝报考重点高中的时候，父母没有去了解孩子的感受，而是使用缓兵之计，以为把孩子塞进重点高中就没问题了，因为他们认为没有哪个孩子会傻到不愿意去更好的学校读书。后来小旭提出要转学，父母便采用粗暴的方法压服，最后的结果还不如让孩子在普通高中就读。

小莉和小旭这两个孩子，最后的高考成绩都不理想。与之前的学习成绩比较，他们的父母应该很不满意。其实孩子能坚持读完高中并参加了高考，已经很好了。读书学习是一个漫长的过程，想让孩子顺利完成学习任务，必须先重视他们的心灵成长和发展。

孩子不能太懂事

出门在外，很多人更容易和偶然结识的朋友愉快相处，这也是旅行的趣味之一。路遇的伙伴常常不需要相处太久就能说出心里话，因为各自生活在完全不同，毫无交集的环境中，反而更容易相互信任、敞开心扉。这和心理咨询师不为亲戚朋友，甚至熟悉的人提供咨询有相似之处。咨访双方连接越少，咨询师越容易为来访者保守秘密，并且更容易保持理性和客观，来访者也会更有安全感。

巴山小姐弟

曾有一次暑假旅行，我和朋友一起去了一趟巴蜀山间，住在一个很普通的农家院。经营这个农家院的是一对中年夫妇，他们有一双儿女，孩子的爷爷奶奶会帮忙干些杂活。这样的偏僻乡村和轻简生活，对于短暂停留的过客来说，像世外桃源一样新奇有趣。

主人家的老大是女孩，读小学四年级，老二是男孩，读小学二年级。姐弟俩是地道的山里娃娃，眼睛亮亮的，看起来聪明机灵。尤其是姐姐，见到陌生人毫不拘谨，说话的时候大方热情，应该是家里时常有客人往来的缘故。

女孩肤色偏黑，额头宽阔，浓眉大眼，四肢匀称，发育得很好，看起来健康明朗。她主动介绍关于家里的基本情况，解答我的各种问题。她说着一口有趣的“川普”，口齿清晰，声音悦耳，一副小掌柜的模样，很有意思。

弟弟眉眼和姐姐有几分相似，但瘦弱单薄，皮肤白白的，是个小帅哥。他总是站在稍远的地方好奇地看过来，时而微笑着，略显羞涩。我招呼他过来，在问到关于他的情况时，比如多大了、读几年级之类的，基本都是姐姐代替他回答。

我故意寻机会和弟弟说话，他有些慌张，但是也能即刻答话，声音不大，语言简洁。我们说话的时候只要姐姐在附近，她一定会跑过来，弟弟的话很快会被姐姐打断，瞬间失去话语权。这时候弟弟会下意识地看看姐姐，也不恼火，微笑着站在一旁。

这两个孩子性格特点和行动风格相差很大，看起来弟弟更加懂事顺从，虽然话说的少，但是干的活很多。家里所有人都可以给他安排任务，尤其是壮实的姐姐简直把瘦弱的弟弟支使得团团转，看着比较违和。但是弟弟毫无怨言，他的家人也司空见惯，我不觉心生疑惑。

姐姐是火焰

晚餐过后，大家在院子里乘凉，我和老板娘闲聊，很自然地说起她的一双儿女。两个孩子年龄相差比较小，我问她带起来是否觉得辛苦。她点点头，叹了口气，说农村的生活没有不苦的，质朴的脸上挂着无奈的笑容。

我说大的是女儿，看着聪明利落，家里这么忙，能做一些事情吧，比如照顾一下弟弟。她轻轻地摇了摇头，说女儿看着很伶俐，其实不听话，很霸道。弟弟从小就谦让懂事，而且一直有些害怕姐姐。

我开玩笑说是不是这里的女娃娃都厉害一些啊，“川妹子”个性偏“辣”，是这个原因吧，她和我一起笑了起来。随后我问妈妈，姐姐很专横，和弟弟出生有关联吗。妈妈想了想，点头说的确有关系。

妈妈说女儿天生脾气就比较急躁，又是第一个孩子，生她的时候夫妻俩年纪也不小了，所以很宠爱她。女儿很聪明，心眼多，说话早，等到弟弟出生的时候，女儿已经懂得不少事情了，并且年龄越大越排斥小弟弟。

虽然是山里人，但是家里人并没有更重视男孩子，父母担心姐姐因为弟弟出生心里别扭，反而什么都首先考虑她。好在弟弟的性格比较好，从小就很在意别人的脸色，尤其是姐姐，否则还不知道要闹出多少事情。家里不是姐姐让着弟弟，而是弟弟让着姐姐。和很多人家的孩子不同，自己的小儿子比大女儿更贴心。

我问妈妈，如果姐姐欺负弟弟，会不会给弟弟帮忙。她说不太管孩子们之间的矛盾，因为如果管了，说了姐姐，她背后肯定会打弟弟。而且弟弟从不告状，没说过姐姐欺负自己。儿子的心肠特别好，很厚道，姐弟之间有一个懂得谦让，爸妈就很省心了。

家里事情太多了，爸爸还有别的活要干，妈妈管理农家院，除了问问孩子的学习之外，别的也没空管，好在两个孩子成绩都不错。妈妈希望孩子们都能出去读书，走出大山，省得和自己一样辛苦。

弟弟是海水

知道了这些情况，我开始注意姐弟俩的互动模式，果然无论是和我们聊天、吃饭、分水果，还是带着大家参观、玩游戏或者劳动分工，甚至包括洗澡的先后顺序、休息的时间，只要姐弟两个同时在场，姐姐一定是发出命令的，弟弟则无条件执行。

尤其是吃饭的时候，如果姐姐没有来，弟弟就不会先吃。弟弟时不时给姐姐夹菜，一片肉或者是其他的什么，应该都是姐姐平时喜欢吃的。姐姐没什么反应，心安理得地接受。偶尔姐姐露出不耐烦的表情，弟弟就会显得有点紧张。

找了一个姐姐不在的小空闲，我和弟弟聊天，问他上学以及放假都过得怎么样，有没有不开心的事情。他腼腆地笑了，摸摸耳朵、抓抓头，样子很可爱，说自己挺好的，就是姐姐的心情不太好，因为她最好的朋友下学期要转学走了。

弟弟很在意姐姐，对姐姐特别好，但是姐姐会经常数落他，我问他心里会不会生气。他皱了皱小脸，神情有些迷茫，没有回答。应该是没有人问过他这个问题，他感觉有点突然，不知道该怎么回答。孩子已经习惯的互动方式不能轻易干涉，所以我没有继续追问，而是换了个问题。

我继续问他，除了会关注到姐姐的情绪和想法之类的，别人的是不是也关注。他很快点点头，说家里的人、老师，还有同学们，他们不高兴了自己也会知道，然后就尽量想办法让他们高兴。

我问他如果自己不高兴了怎么办。他依然抓抓头，说自己很少会不高兴，因为总是害怕别人生气。爸爸和姐姐容易生气，妈妈不太爱生气，但是妈妈经常发愁。他不愿意看到妈妈发愁，妈妈发愁的时候就爱和他唠叨，因为妈妈说他最懂事。这孩子能跟我说这么多话，实在是难得。

我寻找适当的时机，几次问弟弟“你自己的感受是什么”“如果你心里着急了、不高兴了会怎么办”之类的问题，他都没有正面回答，而是很快把话题绕到别人的身上。我可以确定弟弟的心里装了很多人，但唯独没有自己。我在心里暗暗叹气，平静如海水一样的小男孩，不知道什么时候要掀起大风大浪。

越懂事的孩子越容易被忽略

我在日常工作中经常见到烦恼不已的父母，让他们操心又担心的基本都是不听话、生事端的“熊孩子”，很少有父母会因为孩子很懂事、太听话而心烦意乱的。可是在有严重心理问题的孩子们当中，性格乖顺、特别懂事的比例很高。

像巴山小姐弟这样的二孩家庭中，父母一开始大多更关注老大的感受。如果父母关注过度，采用姑息纵容的方式对待老大，反而会铸就更严重的问题，连带老二也培养不好。无论是哥哥、姐姐还是弟弟、妹妹，多子女家庭中，越是强势急躁的孩子，越能够得到大人的关注，容易出现外显的行为问题。而处于弱势的、乖顺懂事的孩子，很容易被父母忽略，形成隐蔽性的心理问题。

生了老二，父母要照顾老大的感受是正确的，随着两个孩子逐渐长大，两个孩子都需要父母的关注。凡事要有度，过度关注一般都是源于父母的感受，对于孩子来讲，最终的效果往往还不如不被过度关注。

尤其是像农家院里的姐姐这种原本就强势任性的孩子，父母更不能由着他们的心性来，好像生了弟弟就对不起姐姐一样。同胞竞争很正常，但是需要有一个边界。如果一个长期欺压另一个，那么父母必须干涉。手足之间不爱惜、不留情，长此以往，影响的是两个孩子的人格完善和情感健康。

父母要工作养家，还要照顾小孩和老人，身心疲劳，常常为了耳根清净而息事宁人，要求比较乖顺听话的孩子让着强势霸道的那个。即使父母发现了问题，也会给自己找借口，比如巴山农家院的妈妈说“姐弟友爱是好事”。别忘了友爱是互相帮助和支持，不是以强欺弱加上委曲求全。父母这样处理姐弟之间的矛盾冲突，对两个孩子的成长都没有好处。

独生子女家庭也一样，如果孩子很省心，在哪里都表现得很好，也从不惹事，情绪平和，放到哪里父母都很放心。正因为放心，父母对这类孩子的内心世界关注就少，而把更多时间精力用在怎么促进学习和提高成绩上。该有的关注没有就是忽略，这些习惯被忽略的孩子，长大之后会更加艰难。

警惕“迎合型人格”

特别懂事，一切为他人着想的孩子，容易形成迎合型人格，也叫讨好型人格。

像农家院里的弟弟那样的孩子，心里没有自己，全是别人，不断以取悦、迎合他人的方式得到心安，很容易发展成迎合型人格。这种类型的人，安全感和归属感来源于过度的自我压抑，是很痛苦的感受，孩子年纪还小，并不会觉察。

在我们生活的周围，经常能够碰到特别好说话的人，一方面觉得他们舒适宜人，一方面又觉得他们欠缺原则性，难当大任，给人的信任度并不高。过分迎合他人，并不能为自己的人际交往加分，反而会遭到轻视，甚至被缺乏善心的人欺负。

孩子有天然的秉性，有“战斗力”强的，也有“战斗力”弱的。容易迎合、讨好和退让的孩子，天生具有敏感、软弱的个性特点，小时候容易受欺负，习惯用讨好和退让的方式获得安全感。这时候大人一定要给予孩子帮助和支持，尤其是要对他们进行适当的训练，让他们学会拒绝不合理的要求，从而维护自己的权益。

天性柔顺的孩子，没有得到父母及时的帮助和适当的指导，才是形成迎合型人格的主要原因。孩子敏感、退让的特点不但没有得到调整，反而被父母当作优点，给予鼓励和助长，是家庭教育中的一个巨大的失败。

做真正懂事的孩子

懂事是一个人的好性格、好能力，更是好品质。父母培养真正懂事的孩子，首先要预防的就是迎合型人格倾向。

第一，正确理解什么叫懂事。

懂事并非指凡事都要替他人着想，而是明事理、懂道理、会权衡利弊、能做到有礼有节的坚持，以及适度的妥协和退让。

父母在引导和教育孩子的时候，断章取义和过度执行都是大问题。比如懂事、听话是表扬孩子的词语，但是这里有一个关键的操作要点，就是懂的事情要合理，听的程度要适度。无论什么事都要懂，只要是大人的话就要听，这些认识肯定是不正确的。

第二，关注孩子的取悦行为。

很多父母要求孩子懂事和听话的时候，其实自己心里对这两个词并不是抱有极端的理解，也没有要求孩子绝对执行，只是经常忽略给孩子做出充分的解释和说明。

取悦是小孩子的天然能力，是生存需要使然，他们无法辩证地理解父母的话时，很容易过度执行。孩子小时候天性敏感、软弱、欠缺反抗的勇气、习惯取悦别人，长大了就会成为人格问题。

有的父母会将懂事的孩子当成自己完全信任的至交密友，跟孩子讲很多自己内心的苦恼、工作和生活的难处，孩子以赤子之心安抚和慰藉父母，疗愈效果极好。

对父母来说，有一个温和善良、敏感细致的孩子是件非常幸运的事情，但是千万不能自然而然地将孩子当成自己倾诉和依靠的对象。孩子最好只需承受与其年龄匹配的压力，在他们心智不成熟的时候，过早接触人生的曲折无奈，对孩子的健康成长没有半分好处。

第三，允许并鼓励孩子有不同意见。

理解和迁就他人的同时，还要有自己的独立意识，维护自己合理的权益，这是构成一个人适应能力和生存能力的基本要素。

要让孩子搞清楚谦让和妥协的区别，谦让要有合适的方式，妥协要有底线意识。

要允许孩子反驳，教会孩子认真思考自己的真实感受，并可以顺畅表达。

这些人生路上必备的能力，在多子女家庭中更容易得到有效的训练，关键要看父母能不能认识到这种训练的重要性。

第四，“自我”很宝贵，不能总“牺牲”。

善解人意、为他人着想，是一种良好的个性特质，但不能以自我牺牲为前提。一个不懂得珍惜自己的人，其实是没有能力去帮助、爱和守护身边人的。

生涯教育、生命教育，既是学校教育，更是家庭教育的重要内容。越是年幼的孩子，父母越要帮助他们在心中深植珍惜生命、爱惜自己的种子。充分理解爱自己与爱别人的关系，懂得怎样进行平衡、如何做出选择，都是重要的人生课题。

积极情绪管理能力与积极心理品质的培养，核心都是自我控制。过于放纵和过于压抑，都会损害孩子的身心健康。

对于巴山小姐弟俩，我不能说太多，更无法做什么，因为我不是可以长久陪伴他们的人。我已经将这篇文章的观点讲给他们的妈妈，但愿妈妈能明白我说的话。

亲子清单

亲子清单一

孩子的内心，你究竟了解多少？

每个孩子都是一艘乘风破浪的小船，还没有长大的他们经常在生活的海洋里肆意乱闯，父母的职责和期望是让家成为孩子的避风港和加油站。可是如果父母对停靠在家这个港湾的船舶并不十分了解，甚至型号和性能都不清楚，没有准备适宜的码头和缆绳，小船就会越来越不愿意停留。

父母需要充分了解自己的孩子，尤其是进入青春期后蓬勃生长的他们，唯有如此才可能建立起良好的亲子关系，也许还能够成为孩子们的领航员和护航编队。

父母每天都在孩子身边，要耗费很多时间和精力去养育和陪伴，如果问“你了解自己的孩子吗”？很多父母都会认为这是一个好笑的问题。

可是父母们真的确定了解自己的孩子吗？这里有一份关于孩子的亲子清单，父母来回答，让孩子来评判，看看父母最后能得到多少分。

下面有30个问题，请父母把答案写在纸上，然后让孩子打分。这样不仅父母可以知道自己对孩子的了解程度，还可以帮助父母进一步了解自己的孩子。

答对一题得1分，答错不得分，如果接近正确的话，可以给出0.5分，最后计算总分。

爸爸和妈妈可以分别完成测试，互相比较一下也很好。别有顾虑，开始回答吧！

1. 孩子最要好的朋友是谁？

2. 孩子喜欢什么颜色的房间？

3. 谁是孩子心目中的大英雄？

4. 目前最令孩子感到苦恼的是什么？

5. 孩子最担心的是什么？

6. 孩子喜欢什么运动项目？

7. 孩子喜欢什么类型的音乐？

8. 父母之外对孩子的生活影响最大的人是谁？

9. 在学校里孩子喜欢什么课程？不喜欢什么课程？

10. 在做过的事情中孩子感到最自豪的是哪一件？

11. 孩子对家庭最大的不满是什么？

12. 孩子最喜欢什么类型的电视节目？

13. 孩子最喜欢什么游戏？

14. 假如可以任意挑选一样心爱的东西，孩子会选什么？

15. 孩子目前最喜欢哪位老师？

16. 什么事情会使孩子很愤怒？

17. 孩子是否感到自己被其他同学喜欢？

18. 孩子长大以后想干什么？

19. 最近一年让孩子感到很失望的是什么事？

20. 针对实际年龄来说孩子是否感到自己过大或过小？

21. 父母给孩子的所有礼物中孩子最珍爱的是哪一个？

22. 在假期里孩子最喜欢做什么？

23. 孩子最不喜欢做的家务事是什么？

24. 孩子最近读什么课外书？

25. 孩子最喜欢什么样的家庭活动？

26. 孩子最喜欢玩什么？

27. 在学校里孩子有什么绰号？

28. 孩子最擅长做什么？

29. 孩子最喜欢什么动物？

30. 孩子喜欢收藏什么？

回答完问题后，请孩子评判一下，看看你的成绩怎么样。

20 分以上：你对孩子的了解比较充分，要继续努力！

10—20 分：你对孩子的了解水平一般，要加油！

10 分以下：你对孩子的了解太少了，要反省！

作为爸爸或者妈妈，你有多少题回答不上来？有多少题的答案连孩子自己也不确定？你和孩子分别有什么感受呢？

分数背后的思考，比分数本身更加重要。很多朋友做过这份问卷，也有老师会将这份亲子清单作为家庭作业，要求家长们完成，带来的反响和感触很多。

不管是妈妈还是爸爸，哪一方得分更高并不重要，重要的是一家人要围绕着孩子，讨论那些其实和学习一样有意义却总是被忽略的生活角度。

无论是才几岁大的宝宝，还是十几岁的少年，家庭教育的问题，亲子之间的矛盾，都和父母不够了解孩子的内心世界密切相关。很多父母坚定不移地认为自己最关心孩子的成长，为了孩子可以付出一切，但是对于孩子的内心世界却没有什么兴趣去探索和了解。

孩子读大学之前，生活基本上是两点一线，家庭和学校是他们的全世界。作为父母不仅要关注孩子的身体成长，更要关注他们的心理状态；不仅要知道孩子在家里的生活，更要充分了解他们的学校生活；不仅要看到学习和分数，更要看到情绪和感受。

这 30 个问题只是孩子日常生活的部分，还有很多问题以及答案需要父母自己去寻找、去补充。

这些问题其实是亲子之间可以经常讨论的话题，父母认真提问、仔细倾听，孩子就会认真思考、积极回答。这一过程既是积极的亲子互动，又是孩子的自我探索。

孩子生活中的很多重要方面，那些有温度的、有质量的、关乎快乐与幸福的部分常常被忽略。所以这份亲子清单既是一种检测，更是一份提醒和牵引。

亲子清单二

你了解孩子的“管理商”吗?

管理商指的是一个人管理能力的高低。无论是孩子还是大人，管理首先是管好自己，然后才是管理别人和团队。管理能力既包括情绪管理，也包括行为习惯管理和为人处世的态度、方式。

孩子的管理商反应的主要是自我管理能力，这个能力是指受教育者依靠主观能动性，按照社会目标，有意识、有目的地对自己的思想、行为进行转化和控制的能力。

如果孩子身上存在的很多学习和心理成长问题，都和自我管理能力密不可分。自我管理能力的高低，会直接影响孩子的学业和未来事业的发展水平，甚至还会影响终身幸福指数的高低。

无论孩子多大，都可以针对他们的年龄对其自我管理能力进行一个大致的评估。孩子的管理商至少可以分成5个等级，身为父母，你了解孩子的发展状况吗?

下面的自我管理能力清单一共有25个描述，父母根据孩子的年龄特点和心理发展水平进行评分，基本符合可以得1分，完全不符合得0分，部分符合得0.5分，看看孩子一共能得到多少分。

1. 决定要做的事情会坚持到底。

2. 总是能够明确表达自己的意愿。

3. 不怕被嘲笑。

4. 可以独立完成学习或其他可以自己完成的工作。

5. 不怕和陌生人交流。

6. 喜欢和很多人在一起学习或者活动。

7. 在团队活动中愿意承担责任。

8. 对不喜欢的人或者竞争对手的看法也会思考是否合理。

9. 发现自己的想法或者做法不合理时会主动改变。

10. 不感兴趣的任务也会认真完成。

11. 发现需要帮助的人会主动帮忙。

12. 喜欢和别人讨论问题。

13. 很诚实。

14. 很少后悔。

15. 不怕听到反对意见或者批评。

16. 擅长从别人的经历或者故事中发现经验。

17. 能快速做出选择。

18. 参加没有参加过的活动或者比赛时也会很镇定。

19. 会原谅别人的错误。

20. 完成作业或者工作后会即刻检查。

21. 别人讲话的时候会认真倾听。

22. 能合理安排和使用时间。

23. 有相互信任的朋友。

24. 适应新环境的能力很强。

25. 在学习、游戏以及其他活动中总是遵守规则。

如果孩子的得分在21—25分，是自我管理“A级”选手，管理自己的能力已经接近“完美”了！无论是个性特点还是解决问题的能力，无论是自我意识还是与他人相处，孩子都很棒。鼓励孩子一定要保持下去，必定会受益终身！

如果孩子的得分在16—20分，是自我管理“B级”选手，也很不错！如果孩子还没有上初中，这个等级已经很厉害了！如果已经是中学生了，那就需要继续努力。

如果孩子的得分在11—15分，是自我管理“C级”选手，需要改进的地方有点多。父母要注意，良好生活习惯的培养，会有助于孩子自我管理能力的提升。

如果孩子的得分在6—10分，是自我管理“D级”选手，孩子身上的很多“毛病”不仅是教育的问题，应该有与生俱来的弱点，这会导致孩子长大后难以适应社会生活，父母一定要耐心培养和引导。

如果孩子的得分在0—5分，是自我管理“E级”选手，孩子太欠缺自我管理的意识和能力了。如果是10岁以上的孩子，很可能已经出现学习、人际交往、情绪或者行为等方面的问题。

与其他亲子清单一样，评估的结果不是最重要的，关键是父母要了解什么是自我管理，认真思考其重要意义。这些可以评估孩子的自我管理能力的角度，同样也是需要培养和训练他们的重要内容。

越是能够管住自己的孩子，能做的事情反而越多，甚至会成为群体中的小领袖，因为在影响他人之前，必须先懂得管理自己。

了解和认识自己、自我监控与调整、尊重别人、拥有规则意识、健康乐观，这些组合在一起，就是强大的影响力。影响力是孩子学业、事业以及人生能够持续健康发展的前提条件，也是生存能力的要素之一。

亲子清单三

怎样知道孩子有多聪明?

父母都希望自己的孩子聪明伶俐，但是，你知道聪明的孩子有哪些特点吗？心理学家针对智力做了很多研究：

聪明的孩子不一定考试成绩特别优异；聪明不仅仅是指孩子的智力水平高，情商高也是一种聪明；聪明的孩子未必能说会道；聪明的孩子在小时候也许朋友并不多……

那么聪明的孩子究竟是什么样子的呢？

这里有一份关于孩子智力发展的亲子清单，父母可以针对每一个条目给自己的孩子打分。每一条特征最低分数是 1，最高分数是 5，看看孩子能得多少分。

1. 他是一个好奇宝宝。

家有“十万个为什么”的孩子，父母要耗费更多精力，甚至会因为疲于应付而感到无奈。

爱问问题的孩子观察力和思维力都比较强，是非常珍贵的特点，父母要尽可能地认真回答问题，不要敷衍孩子。

在好奇宝宝长大一些后，要鼓励他们自己去寻找问题的答案。

2. 他是精力充沛的孩子。

睡眠比较少的孩子经常令父母头疼，不知道这个小生命哪来的那么多精力。有的孩子即使生病了发着烧，依然兴趣盎然地玩耍和探索。

带大一个精力充沛的孩子很辛苦，稍不留神就不知道宝宝会干出什么事情来。

从长远的学习、工作以及生活的角度看，精力充沛都是一个不错的特点。关键在于父母能否引导孩子把精力用在有益的事情上。

3. 他有很强的语言能力。

语言表达能力强是聪明的一个显著特点。这样的孩子不但说话早，还能说得完整清楚，很有逻辑性。

说话晚的孩子未必语言能力就低，有的孩子讲话晚，但是只要开始说话，词汇量就很丰富，表达能力也不弱。

4.他是一个很喜欢阅读的孩子。

人的智力水平既与先天遗传密切相关，更与后天发展的环境和教育紧密相连。

读书是开发智力的绝佳途径，爱读书的孩子智力会发展得更好。

5.他是一个乐观开朗的孩子。

乐观开朗是一种开放和接纳的心理状态，不一定表现为性格外向和活泼好动。

有的孩子相对安静、内向，但是做事情比较主动，不容易灰心丧气，这也属于良好的心理品质。

6.他不太在意输赢。

这样的孩子做事情更注重过程，对于结果反而没那么关注。

追求成功，但不是为了成功才努力，因此不容易产生过多的挫败感。

这样的孩子实践探索的主动意识很强，更爱尝试新的领域，也更爱学习新的知识和技能。

7. 他对数字和符号很敏感。

孩子从小就对各种数字、字母、符号很敏感，如电话号码、门牌号、车牌号等等。对书上的、电影电视里的年代、数据等也很有兴趣。

喜欢与数学有关的知识、游戏、字母和文字的孩子一般学习能力比较强。

8. 他的记忆力非常好。

记忆力好是智力水平高的典型特征。学习的效果主要看留存率，首先就是记得住。

孩子的学习无处不在，通过听课和阅读获取知识，从手机、电脑或者电视里得到资讯，甚至听别人闲聊、出去游玩的时候也能够获取新的知识内容，并且都能够记住。

父母常常不知道孩子的知识是从哪里来的。这是因为孩子除了有意识的学习之外，还有潜伏的、无意之中的学习。

9. 他有极强的专注力。

只要是自己感兴趣的领域，孩子的注意力就非常集中，甚至达到对其他事物充耳不闻、视而不见的水平。

在孩子小的时候，很有可能因为这个特点导致上课听讲显得不够专心，甚至被认为存在注意力障碍。

随着孩子年纪的增长，神经系统的不断发展成熟，兴趣领域的逐渐增多，会慢慢学习如何合理分配注意力。

10. 他的动手能力很强。

孩子很喜欢完成拆装、拼接等相对复杂的操作性游戏，对很多物品的结构与功能非常好奇，甚至会出现破坏行为。

游戏、学习以及做其他事情的时候，爱自己动手，不喜欢别人代劳。

11. 他更喜欢有创意的游戏和活动。

相对而言，孩子对于规则性很强的活动或者游戏兴趣度不高，更喜欢富于创意的活动。

经常突破活动规则或者玩具性能，将自己的理解和创造融入其中。

独自玩玩具或者非常简单的游戏时，经常主动变换规则，并且兴味盎然。

12. 他的兴趣广泛。

孩子感兴趣的领域很多，尤其是随着年龄的不断增长和独立学习的能力逐渐增强，表现得更加突出。

迁移的能力也比较强，比如对一种知识感兴趣，会逐渐关注相关领域中的其他知识，知识面越来越广。

13. 他更愿意自己做决定。

孩子有自己的看法和意愿，能够主动表达出来，并且坚持。

同时关注别人的想法和看法，不会固执己见，发现更合理的想法，或者更准确的做法，会及时接受和改变。

父母教育这样的孩子更需要晓之以理，而且常常会被孩子教育。

14. 他对外部世界的变化很敏感。

周围环境的改变，或者与其相关的人的情绪发生变化，孩子都能敏锐察觉。

“妈妈你生气了吗？”“爸爸你是不舒服了吗？”“谁动了这个？上次我看到的不是这样的。”类似的话孩子会经常说。

15. 他愿意与别人合作。

这个特点在孩子太小的时候表现得不一定很突出，一般要在三四岁后，对于合作类型的活动会逐渐感兴趣。

尤其喜欢与志趣相投的伙伴共同学习或者完成任务，能够适当坚持或者妥协，也善于调节其他伙伴之间的矛盾冲突。如果家里有什么事情，他也会主动参与。

以上 15 个特点，你的孩子每个特点平均可以得到多少分呢?

平均分在 3 分以上就很好，如果达到 4 分就太棒了!

父母对智力发展的特点和规律有所掌握，并且运用到对孩子的教育过程中，对孩子而言是一件幸运的事情。孩子还年幼，还有很长的道路要走，所以在某些角度存在缺欠非常正常。

学习是一个漫长的过程，越是年级低的孩子，越不能仅仅依据考试成绩判断孩子是不是聪明。督促孩子认真学习、开发他们的智力、能力很重要，爱惜孩子的兴趣、鼓励他们涉猎广博的知识领域更加重要。

重视智力因素的培养，更要重视非智力因素的培养。耐受挫折、认真的态度、分享精神、合作能力，这些品质是孩子可以持续健康发展的基础和前提。

父母对于评估的结果不必太在意，因为孩子还在不断成长与发展。亲子清单中的这些条目，既是观察和评估孩子是否聪明的角度，更是智慧父母培养和引导孩子健康长大的重要路径。

亲子清单四

你会不会是“乌鸦嘴”父母？

如果寒暑假期间外出旅行，路上见到最多的就是孩子，有参加夏令营的，有跟着父母自由行的，也有亲子旅行团。很容易被亲子互动吸引是心理老师的职业病，所以我在旅途中观察最多的就是孩子。我会不自觉地认真旁听的，也是亲子之间的对话。

风格迥异的父母语言

我在一次长途旅行的火车上遇到一个由几十人组成的儿

童亲子旅游团，所以我观察的对象非常丰富。孩子们年龄偏小，最大的也不过10岁，车厢里的热闹程度可想而知。

开始的时候气氛不错，亲慈子乖、和谐友好，车厢里充斥着各种好听的童音，令我心旷神怡。慢慢地，孩子们相互熟悉了起来，场面逐渐热闹，问题也开始出现。

外出旅游对孩子们来说是能让他们的兴奋度增高的事情，他们会比在家里任性，尤其是亲子旅游团中有很多小伙伴时，孩子们凑到一起恶作剧的等级会激增，自然不好管理。这时候，父母们逐渐介入，热闹就会升级，直至混乱。

难得同时观察到这么多父母的语言风格，总的来说，会好好说话的父母不多。

“你是最不听话的孩子！”

“你这样做所有人都会讨厌你！”

“你很烦人，难怪别人都不跟你玩。”

“你那么没用当然抢你的玩具！”

“你有病啊，非得玩这个！”

被父母这样训斥的多是精力旺盛的、不让人省心的“熊孩子”，挨了骂的孩子大多无动于衷，只有短暂收敛，然后继续调皮捣蛋。于是父母的怒火升级，以暴力和强制的方法解决问题，倒是有效制止了孩子的不当行为，但副产品常常是难以安抚的哭闹不休。每每看到这样混乱的场景，我总是要叹气，父母们也许没有认真想过，带孩子出来玩的目的是什么呢。

有表现特别好的孩子，不用大人操心，征求父母意见的时候大多用眼神就可以，看得出来平日的良好家教。车厢空间狭小，孩子们又正是淘气的年龄，难免折腾。在孩子们闹得不可开交的时候，也有说话很管用的父母，他们声音不大，但语气坚定，用词也很中性，比如：

“你忘记出门前咱们约好的吗？”

“你这样大声已经吵到别人了。”

“你想一想能不能换一个玩法？”

“如果你觉得不公平，可以不玩。”

言传身教是教育的重要法则，而且身教重于言传，尤其是对小孩子。其实说话的方式、用词，也是行的一部分。亲子互动过程中，父母的语言风格会对孩子产生持久而深远的影响。

“乌鸦嘴”父母清单

这里说的“乌鸦嘴”父母，指的是习惯给孩子差评的父母，他们是负面评价“高手”。很多父母并不觉得自己是“乌鸦嘴”，殊不知越是不经意间的表达越是真实，对孩子的影响也就越大。

我在做家庭教育指导的时候，经常提示父母们要注意和孩子沟通的方法，要掌握语言表达的艺术，父母们也很委屈。

“如果我的孩子那么乖，那么听话，我也不会这样说话啊！”

“好好说话，他得听才行呀！”

到底是因为“熊孩子”不听话，才逼得父母“乌鸦嘴”？还是“乌鸦嘴”父母容易带出“熊孩子”呢？这个问题很值得认真思考。

你是不是经常给孩子差评，会不会是孩子心目中的“乌鸦嘴”父母？先看一下这份的清单。

这里有一些大人常常说给孩子的话，你是否说过同样的，或者意思接近的呢？

1. 都成胖“猪”了，还吃那么多。

2. 没人喜欢你这样的孩子！

3. 看看你瘦得，比猴子还难看。

4. 有个你这样的孩子算我倒霉。

5. 上辈子欠你的吧！

6. 不长个子也就算了，也不长点心眼。

7. 要跟你说多少遍，你有失忆症吗！

8. 就你这个样子，不学习还有什么出路啊！

9. 这种题也错，你脑子有病吧！

10. 你们班还有比你笨的吗？

11. 这点事情都做不好，你说你还有什么用？

12. 你脑子进水了吗？

13. 什么忙也帮不上，养你干什么？

14. 你就应该自己待在家里，带你出来都不够丢人的。

15. 谁都能欺负你，简直就是个废物！

16. 指望你养老我现在就别活了。

17. 早知道你这么不听话，小时候就该把你扔了！

18. 别费劲了，我看你根本不是那块料。

19. 我说什么来着，你根本就不行。

20. 你这么差劲还有脸要这要那？

21. 烂泥扶不上墙，我算是看透你了。

22. 还没完了，给脸不要是吗？

23. 除了吃和玩你还会什么？

24. 你犯什么毛病啊，没事找事！

25. 你说说你有哪点好。

26. 你从来就不让人省心。

27. 我就不应该相信你。

28. 这点成绩有什么可骄傲的。

29. 你就是惹人讨厌的本事最大。

30. 是个人都比你强。

以上这 30 句话，有大概意思的都算，你跟孩子讲过多少句？哪几句是你经常会讲的呢？

如果超出半数都说过，或者超过 3 句是“口头禅”，你就是不折不扣的“乌鸦嘴”父母了。有的父母是孩子的专职差评员，无论孩子做什么，都能迅速发现不足之处，并且精准犀利地指出，用词的尖锐程度，简直就是“乌鸦精”。

越是亲近的人，越容易忽略对方的感受。希望看到这项清单的父母们能够问问孩子们，这些话中有哪些是父母说过的，哪些让孩子很受伤。即使做不到时刻好好说话，也尽可能不要“乌鸦嘴”。

“乌鸦嘴”也是“煤气灯”

心理学中的“煤气灯效应”属于心理操控或者情感控制的范畴，常常存在于亲子、伴侣等亲密关系中，其负面影响严重且深刻。影响和控制对方的人叫“煤气灯人”，“乌鸦嘴”父母很可能在扮演这种角色。

“煤气灯”父母会伤害孩子的安全感和价值感，阻碍孩子的心理发展和健全人格的形成，孩子很容易形成消极的自我概念，造成自我价值感缺失、自尊水平不稳定，埋下人生发展的巨大隐患。

概括而言，父母指向孩子的负面评价，主要集中在仪表、学习、性格、能力、品德等方面。无论是出于有意还是无意，宽泛还是具体，只要这些负面评价是针对孩子本人，而非具体事件，就是一种精神性“杀伤武器”。如果孩子从小就生活在这样的评价体系中，很可能铸就一生的自卑，甚至坠入黑暗。

“我不可爱。”

“我无能。”

“我不可救药。”

“我没有希望。”

“我的存在没有意义。”

这些消极的自我概念，根源都是骨肉至亲的不满和否定。如果父母时不时，甚至整天“乌鸦嘴”，那么孩子很容易出现各种各样的心理和行为问题。

就算父母的“乌鸦嘴”成为一种反向“激励”，促使一些不服气的孩子奋发努力，使他们想要用实际行动证明自己的价值。即使有的孩子最终获得了成就，也得到了父母的认可，但那些早年留在心底的伤痛也很难痊愈。孩子很难与父母真正和解，也很难获得圆满幸福的人生。

在孩子不听话，或者犯了比较大的错误的时候，父母因气急败坏而口不择言，也是正常现象，伤害孩子的话说出口后很多父母会立刻后悔。这种情况发生后，父母一定要和孩子交流，该道歉的道歉，一般不会带来太大影响。孩子的成长就是在反复的批评、认可、惩罚和奖励中慢慢实现的。

父母首先要成为有健全人格、心态积极的人，要及时调整自己的工作和生活态度，对未来有积极的畅想和希望，这样才不会成为孩子的“煤气灯”。

父母难得有时间带孩子去旅行，我希望跟着爸妈去旅行的孩子们留下的都是成长中的美好记忆。人生无法回头，只能向前。父母作为孩子们的人生领航员，要时刻注意自己的言行，尽量引导孩子走向光明的未来。